Für Helga
mit herzlichem Gruß
von Anni

Anna Maria Hennen

DIE FRAGE NACH GOTT UND DEM SINN DES LEBENS

BEI ALBERT CAMUS

UND DIE ANTWORT

DER CHRISTLICHEN PHILOSOPHIE

V. THEODOR BERNING
Dreiland
VERLAG

© V. THEODOR BERNING – Dreiland – VERLAG Waldstr. 2, 5106 Roetgen/Aachen 1983. – Printed in Germany. Alle Rechte vorbehalten. Ohne ausdrückliche Genehmigung des Verlages ist es nicht gestattet, das Werk oder Teile daraus zu vervielfältigen. --------- ISBN 3-923949-01-4

BEIHEFTE
DER
STIMMEN AUS DEM VENN
Heft 3

ISSN 0723-7804

BEIHEFTE DER
STIMMEN AUS DEM VENN

Heft 1:   ELISABETH FLÖREN-POGANIUCH, Gedichte
          ISBN 3-923949-006. Roetgen/Aachen
          1982. - Preis : DM 7.50

Heft 2:   VINCENT BERNING, Sein und Gewissen
          Philosophische Überlegungen zur anthropologischen
          Grundlegung der Ethik. Roetgen/Aachen 1984

Heft 3:   ANNA MARIA HENNEN, Die Frage nach Gott
          und dem Sinn des Lebens bei Albert Camus
          und die Antwort der christlichen Philosophie
          ISBN 3-923949-01-4. Roetgen/Aachen 1983

BEIHEFTE DER STIMMEN AUS DEM VENN (ISSN 0723-7804)
In allen Buchhandlungen, sowie beim
V. THEODOR BERNING - Dreiland - VERLAG
Waldstraße 2 - 5106 Roetgen ü. Aachen

DIE FRAGE NACH GOTT UND DEM SINN DES LEBENS

BEI ALBERT CAMUS

UND DIE ANTWORT

DER CHRISTLICHEN PHILOSOPHIE

INHALT

	Seite
Einleitung	13

ERSTER TEIL

DIE FRAGE NACH GOTT BEI CAMUS UND IN DER CHRISTLICHEN PHILOSOPHIE - IM VERGLEICH — 17

A. DIE FRAGE NACH GOTT BEI CAMUS — 18

   I. Das Bild der Welt — 18

      1. Begrenztheit des menschlichen Erkenntnisvermögens — 18
      2. Das Absurde, Camus' erste Wahrheit — 19
      3. Der Mensch - ein Verbannter — 21

   II. Atheismus Camus' — 22

      1. Festhalten am Absurden — 22
      2. Leid und Tod - unvereinbar mit der Existenz eines Gottes — 24
      3. Camus' Atheismus - ein fordernder Protest — 25
      4. Absetzung Gottes - Voraussetzung für die Neuschöpfung durch den Menschen — 26
      5. Camus' Bild des christlichen Gottes — 27

B. DIE BEGRÜNDUNG DES THEISMUS IN DER CHRISTLICHEN PHILOSOPHIE — 30

   I. Kann der Mensch Gott erkennen oder muß er angesichts vorgefundener Widersprüche oder der Möglichkeit einer hinreichenden Erklärung der Welt ohne Annahme einer außerweltlichen Ursache die Existenz Gottes verneinen oder als unlösbare Frage offenlassen? — 30

      1. Der Gott der Christen — 30
      2. Der Versuch, die Nicht-Existenz Gottes zu beweisen — 31
      3. Fraglichkeit der Existenz Gottes — 33

	Seite
4. Erkenntnistheoretische Fundierung der Gotteserkenntnis in der thomistischen Philosophie	36
a. Überblick	36
b. Unzulänglichkeit des menschlichen Erkenntnisvermögens zur Erfassung des göttlichen Wesens	37
c. Erkennen des Daseins Gottes	38
II. Psychologische Unterstützung des Menschen bei der Suche nach Hinweisen auf die Existenz Gottes	40
III. Einteilung der zur Führung des Gottesbeweises bisher verwandten Methoden	43
IV. Unvollkommene philosophische Beweise	45
1. Der augustinische Beweis	45
2. Das ontologische Argument	50
3. Die fünf Wege des Thomas von Aquin	52
4. Der 'vierte Weg'	55
5. Der 'erste Weg'	57
6. Der 'zweite Weg'	59
7. Der 'dritte Weg'	61
8. Der 'fünfte Weg'	63
9. Zusammenfassung	65
V. Der metaphysische Gottesbeweis bei F. Van Steenberghen	66
1. Erster Schritt: Das Absolute	66
2. Zweiter Schritt: Das Unendliche	68
a. Die Abhängigkeit des endlichen Seins in seinem Sein selbst	69
b. Die Abhängigkeit des endlichen Seins in seinem Handeln	70
c. Das Eine	71
d. Der Schöpfer	72
3. Die Grundeigenschaften Gottes	72
4. Die negativen Eigenschaften Gottes	74
5. Die positiven Eigenschaften Gottes	76
6. Von der unendlichen Ursache aller Vollkommenheiten zum unendlichen Sein in Person	78
7. Vom Personsein des Unendlichen zum vorsehendfürsorgenden Schöpfer des Universums	82

ZWEITER TEIL

DER MÖGLICHE SINN DES MENSCHLICHEN LEBENS BEI CAMUS UND DIE BEGRÜNDUNG DER ENTGEGENGESETZTEN ANTWORT AUS DEM CHRISTLICHEN THEISMUS — 87

A. DER SINN DES LEBENS BEI CAMUS — 88

  I. Vorklärung — 88
  1. Bewußtwerden der Lage — 88
  2. Die Flucht in die Illusion — 89
  3. Die Flucht durch den Selbstmord — 90
  4. Das Absurde als Lebensregel — 91
  5. Der Ansatz für die Revolte — 92

  II. Der Sinn der Revolte und die Freiheit — 93
  1. Auflehnung — 93
  2. Bewußtwerden der eigenen Existenz — 93
  3. Sinngebung — 94
  4. Wertvorstellung — 94
  5. Revolution und Freiheit — 95
  6. Das Relative, die Anerkennung der Grenzen — 96
  7. Weltherstellerin — 98
  8. Sisyphos-Arbeit — 99

  III. Die Freiheit und die Bedeutung des Jetzt — 100

  IV. Die Forderung nach einer neuen Gerechtigkeit als Solidarität — 101

  V. Ethisches Ideal: Heiligkeit ohne Gott — 103

B. DER SINN DES LEBENS VOM STANDORT DES CHRISTLICHEN THEISMUS — 106

  I. Entscheidung für Gott — 106
  II. Erklärung des Übels — 108
  1. Das Nicht-Sein des Übels — 108
  2. Das physische Übel — 109
  3. Das Böse — 110
  4. Der Schmerz — 111
  5. Der Ursprung des Übels — 115
  6. Die Vergeltung des Bösen — 117

	Seite

III. Die Bedeutung mitmenschlicher Personen für die Sinnverwirklichung des Menschen 119

    1. Die Notwendigkeit mitmenschlicher Personen für die Erkenntnis Gottes 119
    2. Die Notwendigkeit mitmenschlicher Personen für die Entfaltung ethischer Werte 120

IV. Die Bedeutung Gottes für das rechte Verhältnis der mitmenschlichen Personen zueinander 122

DRITTER TEIL

VERSUCH EINER KRITISCHEN BETRACHTUNG DER ATHEISTISCHEN ETHIK ALBERT CAMUS' 127

A. DIE VERWEIGERUNG DER GOTTESERKENNTNIS 128

    1. Chaos oder Ordnung 128
    2. Das Absurde, die Verweigerung der Gotteserkenntnis 134
    3. Der Tod Gottes - eine Illusion 137

B. SINNGEBUNG DURCH DEN MENSCHEN ODER SINNFINDUNG BEI GOTT UND DIE ERFÜLLUNG DES LEBENSSINNES IM JETZT 139

    1. Sinngebung durch den Menschen - eine Illusion 139
    2. Das Jetzt 141
    3. Das Wirken im Jetzt und die Freiheit 143
    4. Die Hoffnung im Jetzt 146

Literaturverzeichnis 151

EINLEITUNG

Typisch für unsere Zeit ist das Auftreten von noogenen Neurosen, die der Psychologe Viktor E. Frankl auf ein Sinnlosigkeitsgefühl (existentielles Vakuum) des Menschen zurückführt. (1) Die Tatsache, daß dieses Sinnlosigkeitsgefühl neurotische Erkrankungen auslöst, kann als ein Hinweis darauf angesehen werden, daß der Mensch in sich den tiefen Wunsch nach einem glücklichen und sinnerfüllten Dasein hegt. Der Wunsch nach Sinnfindung für seine Existenz ist ein typisch menschlicher. Kein anderes uns bekanntes Lebewesen sorgt sich um den Sinn seines Daseins. (2)

Dem Menschen sagen keine Instinkte, was er soll; sein geistiges Vermögen (sein Verstand, seine Vernunft) sind gefordert, den Sinn zu suchen. Aber in diesem Suchen fühlt sich der Mensch immer wieder enttäuscht. Glücklich ist man nur in vergänglichen Augenblicken; Glück entschwindet sehr schnell. Leid und Sorge scheinen den Menschen die meiste Zeit seines Lebens zu bedrängen, und schließlich setzt der Tod seiner Suche nach Glück und seinem - zumindest dem uns sichtbaren - Dasein auf dieser Erde ein Ende und scheint die Vergänglichkeit und Sinnlosigkeit allen Strebens und Seins zu besiegeln.

---

(1) vgl. Viktor E. Frankl, <u>Der Mensch auf der Suche nach Sinn. Zur Rehumanisierung der Psychotherapie</u> (Freiburg/Br. ^{3}1973), 11 ff.;
im folgenden zit.: Frankl

(2) vgl. Frankl, 71

Der Mensch ist sich selbst ein im letzten unbekanntes Wesen, sich selbst fragend aufgegeben. Er kann sein eigenes Sein nur deuten. Deshalb ist es fraglich, ob er den Sinn seines Lebens von sich aus finden kann. Wenn nicht, so wird er herausfinden wollen, wer ihm zu sagen vermag, was der Sinn seines Lebens ist. Gott?
Aber die Beziehung zu einem Gott als einem sinngebenden Wesen hat der moderne Mensch weitgehend verloren. Existiert Gott überhaupt? Kann der Mensch den Sinn seines Daseins bei einem Wesen suchen, dessen Existenz er nicht einmal gewiß ist?

Technik und Naturwissenschaft haben uns die Einstellung nahegelegt, daß wir nur das als Realität ansehen, was wir in der Lage sind, zu beweisen, vorzuweisen, wenigstens es durch seine Wirkungen aufzudecken. Es erhebt sich die Frage, ob so das Dasein Gottes beweisbar ist.

Die Frage nach Gott und dem Sinn des Lebens ist das Thema dieser Arbeit. Sie wird als Problem offengelegt durch eine Gegenüberstellung der Weltanschauung eines Vertreters des Atheismus, nämlich Albert Camus' - wozu dessen Werke

<u>Der Mythos von Sisyphos</u>,

<u>Die Pest</u>,

<u>Der Mensch in der Revolte</u>

herangezogen werden - und der Weltanschauung des christlichen Theismus der Schule von Thomas von Aquin.

Zur Bearbeitung des Themas wird im folgenden in drei Schritten vorgegangen. Der erste Hauptteil behandelt die Frage nach Gott, der zweite die nach dem Sinn des Lebens. Im dritten Hauptteil wird der Versuch einer kritischen Betrachtung gemacht.

ERSTER TEIL

<u>DIE FRAGE NACH GOTT</u>
<u>BEI CAMUS</u>
<u>UND IN DER CHRISTLICHEN PHILOSOPHIE</u>
<u>- IM VERGLEICH</u>

A. DIE FRAGE NACH GOTT BEI CAMUS

Es soll gezeigt werden, wie Camus die Welt sieht und welche Schlüsse er aus seiner Sicht der Welt zieht im Hinblick auf das Sein überhaupt und auf das Dasein Gottes.

I. Das Bild der Welt

1. Begrenztheit des menschlichen Erkenntnisvermögens

Der Mensch sucht nach Erkenntnis. In ihm ist ein glühendes Verlangen nach Überschaubarkeit und Klarheit. Er möchte die Welt in ihrer Gesamtheit begreifen. (3) Er sucht das Prinzip, das ihm alles erklärt. (4) Hier stößt er auf eine erste Schwierigkeit. Als Denkender, Forschender kann er Erscheinungen zusammentragen und aufzählen. Aber mit Teileinsichten, Hypothesen und Theorien, bei denen die eine die andere ablöst, vermag er nicht das Eigentliche zu erklären. Das Unzureichende

---

(3) vgl. Albert Camus, _Der Mythos von Sisyphos (Le Mythe de Sisyphe). Ein Versuch über das Absurde_, Übs. H. G. Brenner u. W. Rasch, Hamburg [17]1974, 20;
im folgenden zit.: Mythos

(4) vgl. Albert Camus, _Der Mensch in der Revolte (L'Homme révolté)_, Übs. J. Streller, Reinbek [4]1972, 84;
im folgenden zit.: Revolte

seiner Erkenntnisfähigkeit zeigt sich schon bei dem
Versuch, das als existierend Erfahrene zu definieren;
es zerrinnt. So können wir, obwohl wir uns unserer
eigenen Existenz sicher zu sein glauben, nicht einmal
sagen, was wir selbst im letzten sind. Jeder ist sich
selbst fremd. (5)

2. Das Absurde, Camus' erste Wahrheit

Die zweite Schwierigkeit für den Menschen, die Welt
mit seinem Verstand zu erfassen, ergibt sich durch eine
Gegenüberstellung.

Zum einen sieht und erfährt er die Schönheit des Lebens
und der Welt, den Zauber einer Landschaft, das strahlende Licht der Sonne, die Weite des Meeres. Er erfährt,
was Glück ist, wenn er sich eins fühlt mit der Schönheit der Natur, in heller Mondnacht im Meer schwimmt;
er fühlt dann die Kraft seines Körpers, der mit starken
Armen die Wellen teilt. Und er kann das Glück der Liebe
erfahren oder einer freundschaftlichen, mitmenschlichen
Verbindung. (6)

---

(5) vgl. Mythos, 21-22
(6) vgl. Revolte, 225 und
vgl. Albert Camus, Die Pest (La Peste), Übs.
G. G. Meister, Hamburg 55 1974, 151 f;
im folgenden zit.: Die Pest

Aber das Positive wird gebrochen durch negative Erfahrungen. Der Schönheit des Lebens und der Freude, die der Mensch empfinden kann, steht das Leid gegenüber. Der Mensch sieht sich bedrängt und geschlagen von der Pest, d. h. von Krankheit und Tod und von den Übeln, die die Menschen selbst einander zufügen, wie soziale Ungerechtigkeit, Folter, Ausgestoßensein und Mord.

Sein Verlangen nach Einheit und vernunftgemäßer Erkenntnis wird enttäuscht. Wo er auch hinblickt, stößt er auf Widersprüche. Für Camus ist die Welt absurd. (7) Sie ist weder rational noch irrational, sondern sinnlos und unvernünftig (8); sie hält dem logischen Fragen des Menschen nicht stand. (9) Der fragende Mensch findet sich einer Welt gegenüber, die widervernünftig schweigt. (1o) Camus sieht in ihr Unordnung und Chaos. (11) Wegen des Widerspruches zwischen dem Irrationalen der Welt und des Lebens und dem Menschen, der mit seiner Vernunft die Dinge zu erkennen trachtet und die Einheit und Unverletztheit sucht, kann der Mensch nichts klar erkennen. (12)

Zweier Tatsachen jedoch ist sich Camus gewiß, die nach seiner Ansicht niemand leugnen kann, nämlich einmal des wirklichen Vorhandenseins des menschlichen Verlangens

---

(7) vgl. Mythos, 23
(8) vgl. Mythos, 45
(9) vgl. Mythos, 21 ff.
(1o) vgl. Mythos, 29
(11) vgl. Mythos, 47
(12) vgl. Mythos, 23 u. 28

nach klarer, vernunftgemäßer Erfassung der Zusammenhänge und zum anderen des Chaos, das den Menschen in der Welt umgibt. (13) Aus dem Gegensatz zwischen dem menschlichen Verlangen nach Klarheit und dem Irrationalen entsteht das Absurde. Das Absurde ist also weder im Menschen noch in der widervernünftigen Welt; sondern es ergibt sich aus dem gemeinsamen und gleichzeitigen Vorhandensein beider Elemente. So ist das Absurde sowohl an den menschlichen Geist gebunden als auch an die Welt. Es ist unteilbar mit beiden verknüpft. Wäre der Mensch nicht, würde das Absurde nicht sein. So endet auch das Absurde mit dem Tod des Menschen. (14)

Camus kommt somit zu dem Schluß, daß das Absurde etwas Wesentliches ist, und er stellt es als seine erste Wahrheit hin. (15)

3. <u>Der Mensch - ein Verbannter</u>

Im Bewußtsein des Absurden erkennt der vernünftige Geist seine Grenzen. (16) Er ist sich bewußt, immer unbefriedigt zu bleiben. (17) Die Pest macht ihn zu einem Frem-

---

(13) vgl. Mythos, 47
(14) vgl. Mythos, 31
(15) vgl. ebd.
(16) vgl. Mythos, 45
(17) vgl. Mythos, 32

den in der Welt. Er fühlt sich der Illusionen und des
Lichtes beraubt und kann diesem Verstoßensein nicht
entrinnen. Die Welt seines Denkens, die die seines
Wünschens und Sehnens ist, gibt es hier nicht, und die
Hoffnung auf das gelobte Land bleibt unbegründet. (18)
Die Welt stößt den Menschen in eine ausweglos scheinende Situation.

II. Atheismus Camus'

1. Festhalten am Absurden

An dem, was der Mensch für wahr erkannt hat, muß er
festhalten (19), und so hat Camus sich entschieden, im
Absurden zu verharren (2o). Für ihn gibt es einfach
keine logische Gewißheit und sogar keine Wahrscheinlichkeit für einen die Vernunft des Menschen übersteigenden
Sinn der Welt. (21) "Ich weiß nicht, ob diese Welt
einen Sinn hat, der über mich hinausgeht. Aber ich weiß,
daß ich diesen Sinn nicht kenne ... Was bedeutet mir
ein Sinn, der außerhalb meiner Situation liegt? Ich kann
nur innerhalb menschlicher Grenzen etwas begreifen."(22)
"Ich kann nur sagen, daß es ... mein Maß übersteigt.
Wenn ich daraus keinen negativen Schluß ziehe, so will
ich wenigstens auf dem Unbegreiflichen nichts aufbauen.

---

(18) vgl. Mythos, 11
(19) vgl. ebd.
(2o) vgl. Mythos, 31
(21) vgl. Mythos, 38
(22) Mythos, 47

Ich will wissen, ob ich mit dem, was ich weiß, und nur damit leben kann." (23) Kierkegaard, der nach Camus Gott da sieht, wo das Absurde beginnt, schöpft Hoffnung aus der tiefsten Niederlage des Menschen, seinem Tod. Darin kann ihm Camus nicht folgen. Für ihn ist die Nacht des Absurden, das Dunkel und Nichtwissen, nicht das Licht. (24) Er kann das einmal als wahr Erkannte, das Absurde oder das Paradox, nicht aufgeben. Er kann auch seine Vernunft nicht aufgeben, wie Kierkegaard das tut. (25) Den Sprung ins Irrationale lehnt er ab. Für Camus bedeutet nicht dieser Sprung die Gefahr, sondern der kurze Augenblick unmittelbar vor dem Sprung. Der Sprung ist für ihn Ausflucht, bedeutet Nicht-Standhalten. Für Camus besteht die Redlichkeit des Menschen darin, sich des Absurden ständig bewußt zu bleiben und darin auszuharren. (26) Camus lehnt einen Gott ab, der nur durch die Verneinung der menschlichen Vernunft lebt. (27) Die Grenzen der Vernunft anerkennen heißt für ihn, daß er sich ihrer relativen Macht bewußt ist. Es besteht für ihn darum kein hinreichender Grund, auf den Verstand zu verzichten. (28) Die existentielle Haltung bezeichnet er als philosophischen Selbstmord. (29) Camus braucht etwas, das ihm in seiner jetzigen Lage hilft, nüchterne Hilfe, keine Schwärmerei, die ihm das Paradox doch nicht verbirgt. Er will

---

(23) Mythos, 38
(24) vgl. Mythos, 36 - 39
(25) vgl. Mythos, 36 - 37
(26) vgl. Mythos, 46
(27) vgl. Mythos, 40
(28) vgl. Mythos, 38
(29) vgl. Mythos, 39

die Wahrheit mit nüchternem Verstand suchen. Das Wünschenswerte gibt seiner Meinung nach nicht, wenigstens nicht notwendig, die Richtung an, in der die Wahrheit zu finden ist. (30)

2. Leid und Tod-unvereinbar mit der Existenz eines Gottes

Camus findet in der Welt keinen Grund, die Existenz eines Gottes anzunehmen. Das Leid und den Tod hält er für unvereinbar mit einem Gott der Liebe, wie ihn das Christentum verkündet. Wenn Gott existierte und er der Schöpfer der Welt wäre, so trüge er die Verantwortung für das Leid, die Ungerechtigkeit und den Tod. Deshalb sagt Camus, daß es für Gott besser sei, wenn man ihn verneine. (31) Wenn das Böse notwendig ist für die Schöpfung, dann lehnt Camus diese Schöpfung ab, wie Iwan in Dostojewskijs Roman Brüder Karamasow sie ablehnt. Denn er duldet nicht, daß eine für uns verhüllte Wahrheit mit dem Tod Unschuldiger bezahlt wird. Besonders das Leiden der Kinder ist eine Anklage gegen einen Schöpfergott und Grund, ihn zu verneinen. (32)

Das Leid und der Tod führen nach Camus' Ansicht nur wenige Menschen zu Gott, sondern veranlassen sie, sich auf das Genießen ihres Lebens (33) in der kurzen Frist, die ihnen bleibt, zu besinnen. Die Übel verhelfen nur

---

(30) vgl. Mythos, 39
(31) vgl. Die Pest, 76-77, Revolte, 26
(32) vgl. Revolte, 47-48
(33) vgl. Die Pest, 73

wenigen Menschen dazu, größer zu werden. (34) Camus sagt, daß es nichts Tieferes gebe als Kierkegaards Ansicht, daß die Verzweiflung der Zustand der Sünde sei, weil er von Gott entferne, wie die Sünde von Gott entfernt. "Das Absurde, der metaphysische Zustand des bewußten Menschen führt nicht zu Gott. ... das Absurde ist die Sünde ohne Gott." (35)

3. <u>Camus' Atheismus - ein fordernder Protest</u>

Camus' Ablehnung eines Gottes ist kein eigentlicher Atheismus, sondern ein fordernder Protest des Menschen, der sich auflehnt gegen eine Schöpfung, die nicht mit der Sehnsucht, dem Verlangen nach Einheit und Gerechtigkeit, das er in sich trägt, übereinstimmt. Sie ist herausfordernde Lästerung eines Gottes, der schweigt und das Übel duldet, ohne einzugreifen, die metaphysische Revolte des Menschen "gegen das Leben, das ihm als Mensch bereitet ist." (36) "... sie protestiert gegen das, was der Tod an Unvollendetem und das Böse an Zerrissenem ins Dasein bringen ...". (37) (38)

Die Revolte ist nur als gegen jemand gerichtet zu denken. "Der Begriff des persönlichen Gottes, Schöpfers aller Dinge und damit für sie verantwortlich, gibt allein dem Protest des Menschen seinen Sinn." (39) Nur von einem

---

(34) vgl. Die Pest, 75
(35) Mythos, 38 f.
(36) Revolte, 22
(37) ebd.
(38) vgl. Revolte, 22 f.
(39) Revolte, 26

persönlichen Gott also kann die Revolte Rechenschaft verlangen. (40)

So wie aber der Sklave, der sich auflehnt gegen seinen Herrn, damit zwar die Existenz dieses Herrn bestätigt, jedoch gleichzeitig beweist, daß dessen Macht an seine Abhängigkeit gebunden ist, so bejaht auch der metaphysisch Revoltierende die Existenz einer Gewalt, gegen die er sich erhebt, in dem gleichen Augenblick, da er sie bestreitet, zieht aber damit nach Camus die Macht des höheren Wesens auf den Stand des Menschen, bringt es in seine Abhängigkeit. Der Mensch nimmt damit dem höheren Wesen seine Dauerhaftigkeit und bindet es an die Geschichte des Menschen. (41)

4. <u>Absetzung Gottes-Voraussetzung für die Neuschöpfung durch den Menschen</u>

Der Mensch sucht etwas Heiliges. In seinem Innern hat er eine Vorstellung von Ordnung und Moral. Da aber Gott das Böse zuläßt, ist die ethische Einstellung des Menschen, seine Forderung nach Gerechtigkeit, höher zu bewerten als die Moral Gottes. Gott erweist sich als ungeeignet, die Welt des Menschen zu leiten. Er ist für den Menschen überflüssig. Ein Gott, der das Leid sieht und nichts dagegen unternimmt, verdient nicht zu leben.

---

(40) vgl. Revolte, 29
(41) vgl. Revolte, 22-23

Der Revoltierende erklärt ihn für tot. Somit schließt er sich von der Gnade aus. (42)

Nachdem der Aufrührer so den Thron Gottes umgestürzt hat, ist es an ihm, die Ordnung, Einheit und Gerechtigkeit, die er in der Schöpfung vermißte, selbst hervorzubringen. Im anderen Fall wäre die Absetzung Gottes ohne Bedeutung. Nun liegt es am Menschen, selbst zu versuchen, seine Mitmenschen zu heilen, die Not zu lindern. (43) Als höchstes Geschenk kann ihm nach der Absetzung Gottes die liebevolle Verbundenheit eines Menschen zuteil werden. Alle die, die sich über den Menschen hinaus an etwas wenden, das sie sich nicht einmal vorstellen können, erhalten keine Antwort. (44)

5. Camus' Bild des christlichen Gottes

Im christlichen Glauben sieht Camus den Versuch, die Gestalt des eifersüchtigen Gottes des Alten Testamentes abzuschwächen, ihn dem Vorwurf des revoltierenden Menschen zu entziehen.
Christus, der kam, um zwei Hauptprobleme zu lösen, die auch die Grundprobleme der Revolte sind, nämlich das Böse und den Tod, nahm diese Leiden auf sich. Auch er wurde zerrissen und erlebte die Verzweiflung und die Todesangst. Er trug das Kreuz und starb. (45) Aber die Menschen sind im Elend geblieben. Christi Aufgabe war es, als Mittler nur den furchtbaren Abstand zwischen dem un-

---

(42) vgl. Revolte, 47, 83-85
(43) vgl. Revolte, 24
(44) vgl. Die Pest, 177
(45) vgl. Revolte, 29 f.

erbittlichen und eifersüchtigen Gott und der leidenden Schöpfung zu verringern. (46) Die Leiden und der Tod aller Menschen sollen gerechtfertigt sein, weil der unschuldige Gott selbst das größte Leid auf sich genommen hat. Der Mensch soll Gott jetzt nicht mehr zur Verantwortung ziehen können. (47)

Das ist für Camus eine Scheinlösung. Das Christentum verschiebt die Heilung vom Bösen und vom Mord ins Jenseits der Geschichte, in ein angenommenes ewiges Leben. Die Menschen müssen also warten, und derweilen werden die Unschuldigen weiterhin sterben. (48)

Aus Paneloux' Predigten in dem Roman *Die Pest* geht Camus' Meinung über die Darstellung des Bösen aus der Sicht des Christentums hervor:

Gott ist es, der das Gute wie das Böse in jedes Ding legt. Er kann alles wieder zum Guten wenden. Die Geißel schickt Gott, damit auch sie dem Menschen den Weg des Heils zeigt. Die Pest ist eine Heimsuchung, die den Menschen im Kollektiv trifft. (49)

Der Schmerz der Kinder ist für den Menschen empörend, weil er sein Maß übersteigt. Aber dem Menschen bleibt nur die Wahl, Gott zu lieben oder ihn zu hassen. Die Menschen sollen sich Gott unbedingt und ganz hingeben. Sie sollen auch in die tiefste Erniedrigung einwilligen. Der Mensch muß das Leid wollen, weil Gott es will, auch das der Kinder. Er soll lieben, was er nicht begreifen kann. (50)

---

(46) vgl. Revolte, 91
(47) vgl. Revolte, 29
(48) vgl. Revolte, 246
(49) vgl. Die Pest, 59 f.
(50) vgl. Die Pest, 128, 133 f.

Camus lehnt jede Kollektivstrafe ab (51), und im Roman
<u>Die Pest</u> sagt Dr. Rieux zu Pater Paneloux:"Ich werde
mich bis in den Tod hinein weigern, die Schöpfung zu
lieben, in der Kinder gemartert werden." (52)

Camus anerkennt den Einsatz der Christen, das Leid zu
lindern. Dennoch sieht er im Christentum nur einen tätigen Fatalismus (53), weil der Gläubige nicht im Absurden
steht, sondern seinen hoffnungsvollen Blick auf ein Land
der Gerechtigkeit jenseits dieser Welt richtet. (54)
Der Glaube an den allmächtigen Gott hindert den Christen
daran, seine ganze Kraft für die Verwirklichung der Gerechtigkeit auf Erden einzusetzen. Camus will gegen die
Schöpfung, so wie sie ist, ankämpfen. Die jetzt anstehenden Fragen sind dringlich, sogar vordringlich. Über
ein Leben nach dem Tod wissen wir nichts. (55) Camus
fordert das Reich der Gerechtigkeit auf Erden, nicht das
vom Christentum verkündete Reich der Gnade. (56)

---

(51) vgl. Die Pest, 75
(52)   Die Pest, 129
(53) vgl. Die Pest, 133
(54) vgl. Die Pest, 77
(55) vgl. Die Pest, 76
(56) vgl. Revolte, 2o

B. DIE BEGRÜNDUNG DES THEISMUS IN DER CHRISTLICHEN PHILOSOPHIE

I. Kann der Mensch Gott erkennen oder muß er angesichts vorgefundener Widersprüche oder der Möglichkeit einer hinreichenden Erklärung der Welt ohne Annahme einer außerweltlichen Ursache die Existenz Gottes verneinen oder als unlösbare Frage offenlassen?

1. Der Gott der Christen

Die christliche Religion sagt, daß Gott ein geistiges, überweltliches, der Welt gegenüber transzendentes, absolutes und personales Wesen ist. Er ist das höchste Wesen oder das höchste Sein, der Urgrund und der Schöpfer aller anderen Seienden, die nicht ihren Ursprung in sich selbst haben.

Aber Gott ist nicht nur deren Urheber, sondern auch derjenige, der die geschaffenen Dinge in ihrem Sein erhält. Er ist der Anfang aller geschaffenen Dinge, und er bestimmt ihr Ziel.

Gott ist Person, ein Du für den Menschen, ansprechbar und antwortend. Die christliche Offenbarung spricht von dem liebenden Gott, dem Gott, der sich persönlich um seine Geschöpfe kümmert. So kommt auch Van Steenberghen am Beginn seiner Untersuchung über die Existenz Gottes, nachdem er den Begriff Gott von der allgemein menschlichen, der religiösen und wissenschaftlichen Problematik her beleuchtet hat, zu der für seine weiteren Betrachtungen richtungweisenden Nominaldefinition Gottes als einer "... Wirklichkeit, die Schöpfer und Vorsehung des Weltalls ist ...". (57)

Gott hat die Welt aus nichts geschaffen, d. h. daß er keine vorhandenen Stoffe benötigte, um aus ihnen die Geschöpfe zu formen, sondern er rief alle Dinge ins Sein durch sein Wort, seinen Willen.

Gott ist unendlich, d. h. er ist ohne Anfang, und er wird nie aufhören zu sein.

Gott ist vollkommen. Er besitzt alle positiven Eigenschaften, wie Allmacht, Güte, Liebe, Gerechtigkeit, in ihrer Vollkommenheit. Jedoch besitzt er eigentlich nicht diese Eigenschaften, sondern er ist sie, so wie er nicht das Leben hat, sondern das Leben ist.

2. Der Versuch, die Nicht-Existenz Gottes zu beweisen

Der philosophische Atheismus bestreitet die Existenz eines personalen, absoluten, transzendenten Gottes. Seine Versuche, die Welt zu erklären, z. B. aus abstrak-

---

(57) Fernand Van Steenberghen, __Ein verborgener Gott. Wie wissen wir, daß Gott existiert?__ Aus dem Französischen übs. v. G. Remmel, svd., Paderborn 1966, 37; im folgenden zit.: Steenberghen

ten Prinzipien, wie einem sich emporfaltenden göttlichen Willen (Nietzsche) oder einer sich emporfaltenden göttlichen Idee (Hegel) oder aus Prinzipien, die er der sichtbaren Welt entnimmt, wie einer sich entfaltenden Materie, die er ebenfalls mit Attributen ausstattet, die der Theist Gott zuerkennt, wie Absolutheit, Ewigkeit, Schöpferkraft, sollen hier nicht näher betrachtet werden; sondern wir wollen uns dem Problem und den Schwierigkeiten zuwenden, auf die er stößt, wenn er versuchen wollte, die Nichtexistenz eines personalen, absoluten, transzendenten Gottes zu beweisen.

Um nämlich eine Hypothese (hier die von der Existenz Gottes) zu widerlegen, müßte entweder ein in ihr vorhandener innerer Widerspruch aufgewiesen werden oder ihr Gegensatz zu einer These, deren unumstößliche Geltung bereits vorher durch Beweis gesichert wurde. (58) Es ist bisher nicht bekannt geworden, daß es jemandem gelungen sei, einen solchen Beweis über die Widersprüchlichkeit der These von der Existenz eines die Welt übersteigenden Seienden oder ihren Gegensatz zu einem anderen, vorher feststehenden, metaphysischen Gesetz zu führen. Es ist vielmehr nicht einmal vorstellbar, an welchem Punkt der Beweis ansetzen könnte. (59) "Denn, wenn es überhaupt einen Gott gibt, dann ist er ein transzendentes Sein,

---

(58) vgl. Steenberghen, 12 f.
(59) vgl. Steenberghen, 13

dessen geheimnisvolle Wirklichkeit durch unsere menschlichen Begriffe nicht positiv und eigentlich ausgedrückt werden kann. Und bei einem so gearteten Gegenstand läßt sich eine 'demonstratio ab absurdo' zum Erweis der Nicht-Existenz des Behaupteten überhaupt nicht anwenden." (60)

3. Fraglichkeit der Existenz Gottes

Die schärfste Aussage, die die Wissenschaft machen könnte, wäre, daß man noch keine Spuren von einem personalen, absoluten, transzendenten Gott gefunden habe und daß die Existenz eines Gottes anzunehmen als eine willkürliche Setzung erscheine. Damit wäre aber dessen Existenz nicht widerlegt, sondern nur in Frage gestellt. (61)

Die Infragestellung der Existenz Gottes geschieht im Agnostizismus und ganz besonders radikalisiert im Positivismus. Er lehrt, daß nur im Bereich des sinnlich Wahrnehmbaren Erkenntnis und damit sinnvolle Aussagen möglich seien. Eine übersinnliche Wirklichkeit sei dem Menschen verschlossen. Dagegen läßt sich vorbringen, daß der agnostische Standpunkt selbst nicht dem Bereich des sinnlich Wahrnehmbaren angehört. Damit ist seine Aussage gemäß seiner eigenen Behauptung nicht sinnvoll. (62)

---

(60) Steenberghen, 13
(61) vgl. ebd.
(62) vgl. Heinrich Beck, *Der Gott der Weisen und Denker. Die philosophische Gottesfrage*, Aschaffenburg ²1964, 32;

      im folgenden zit.: Beck, Der Gott der Weisen

Aber wenden wir dem Agnostizismus noch unsere nähere Aufmerksamkeit zu, und zwar dort, wo die Unfähigkeit des Menschen, Gottes Existenz wahrzunehmen nicht so kategorisch behauptet wird, sondern Gegengründe vorgebracht werden, die noch der näheren Betrachtung wert sind und die, wenn sie auch sehr modern klingen, doch schon von Thomas von Aquin bei seinem Aufgreifen der Frage nach der Existenz Gottes in der Summa theologica behandelt wurden. (63)

Es handelt sich einmal um die Tatsache des Übels in der Welt, das dem Dasein eines allmächtigen und gütigen Gottes zu widersprechen scheint, wie dies auch Camus sieht. Wie schon ausgeführt (64), ist bei Camus nicht eigentlich der Glaube an einen absoluten, transzendenten Gott erschüttert, sondern vielmehr der Glaube an die Güte und Vorsehung dieses Gottes.
In Übereinstimmung mit Augustinus steht für Thomas von Aquin die Tatsache des Übels nicht im Widerspruch zur unendlichen Güte Gottes. Der freien Entscheidung des Menschen wegen ist die Möglichkeit des Bösen notwendig, nicht aber seine Wirklichkeit. (65) Gott duldet das Böse,

---

(63) vgl. Thomas von Aquin, Summa theologica, Die deutsche Thomas-Ausgabe, Hrsg. Katholischer Akademikerverband, Salzburg o. J., I, 2, 3;
im folgenden zit.: S. th.
(64) s. o., Kap. A, S 16 - 18
(65) vgl. Heinrich Beck, Deutung des Bösen. Eine philosophiegeschichtliche und geschichtsphilosophische Erörterung, in J. de Vries S.J. u. W. Brugger S.J. (Hrsg.), Der Mensch vor dem Anspruch der Wahrheit und der Freiheit, Frankfurt a. M. 1973, 140 f.;
im folgenden zit.: Beck, Deutung des Bösen

weil er weiß, daß er in seiner Größe und Allmacht selbst aus Bösem noch Gutes entstehen lassen kann (66) und "... um der Möglichkeit ... einer um so tieferen Offenbarung der Liebe willen, die sich in der Vergebung bewährt, zu Geduld und Tapferkeit erzieht und schließlich im 'Felix-culpa-Geheimnis' des Kreuzes ihre äußerste Ausbergung erfährt." (67)

Zum anderen handelt es sich um die vermeintliche Möglichkeit einer hinreichenden Erklärung der Welt, z. B. des Naturgeschehens durch das Walten der Naturgesetze oder des geschichtlichen Geschehens durch den Verstand und den Willen des Menschen, ohne Annahme einer außerweltlichen Ursache.
Aber die Tatsache, daß in der Natur Gesetzmäßigkeit waltet, beweist noch nicht, daß diese Gesetzmäßigkeit nicht auf eine Ursache oder einen Gesetzgeber zurückzuführen wäre. Für Thomas von Aquin ist das Naturgeschehen von einem höheren Sein angetrieben und auf ein Ziel hin gerichtet. Auch überlegtes Handeln und menschliches Wollen führt er auf eine Ursache zurück, die ihr Sein ermöglicht. Er sieht im menschlichen Handeln und Wollen nicht erstbegründende Tatsachen, weil sie wandelbar sind und dem Irrtum unterliegen können. (68) Der Wissenschaftler, der nur die durch den Menschen verifizierbaren Tatsachen anerkennt und sich mit ihnen für die Erklärung seines Daseins begnügt oder darüber hinaus gar nicht

---

(66) vgl. S. th., I, 2, 3, ad 1
(67) Beck, Deutung des Bösen, 141
(68) vgl. S. th., I, 2, 3, ad 2

fragt, engt seinen Horizont ein und verliert das Hauptproblem menschlicher Existenz aus den Augen. (69)

4. Erkenntnistheoretische Fundierung der Gotteserkenntnis in der thomistischen Philosophie

a. Überblick

Der Erkenntnisakt des Menschen setzt nach Thomas von Aquin wie auch nach Aristoteles bei den Sinnen an. Die Dinge der Außenwelt wirken auf die Sinne ein. Es entstehen im Subjekt Erkenntnisbilder. Das geistige Erkenntnisvermögen holt sodann den geistigen Seinskern aus ihnen heraus.

Dem sinnlichen und geistigen Erkenntnisvermögen des Menschen steht die Erkennbarkeit der Dinge gegenüber. Sie haben einen sinnlich und geistig erfaßbaren Inhalt.

Das Erkennen steigt vom konkreten einzelnen Ding zum Begriff, dem Allgemeinen auf. Der menschliche Geist kann sich sodann zum Übersinnlichen erheben und vermöge einer Ähnlichkeitsrelation oder Analogie, bei der sich das eine zum anderen verhält wie ein drittes zu einem vierten (7o), zu den unsichtbaren Dingen und zur Erkenntnis des Göttlichen vorstoßen. (71)

---

(69) vgl. Steenberghen, 19

(7o) vgl. A. D. Sertillanges, Der Heilige Thomas von Aquin, Hellerau o. J., 248;
im folgenden zit.: Sertillanges

(71) vgl. Hans Meyer, Thomas von Aquin. Sein System und seine geistesgeschichtliche Stellung, Paderborn ²1961, 395 f.;
im folgenden zit.: Meyer

b. <u>Unzulänglichkeit des menschlichen Erkenntnisvermögens zur Erfassung des göttlichen Wesens</u>

Das Erkennen vollzieht sich im Subjekt, das in einer Beziehung oder Hinordnung zum Objekt seines Erkennens steht, und zwar geschieht das Erkennen nach der Weise des Erkennenden, d. h. es ist an die Qualität der aufnehmenden und verarbeitenden Sinnesorgane und des geistigen Erkenntnisvermögens gebunden. Das Objekt kann zum Erkennenden nur nach der Weise des Erkennenden in Beziehung treten und von ihm erfaßt oder erkannt werden. Damit ist die Grenze der menschlichen Erkenntnisfähigkeit aufgezeigt.

Wegen des unendlichen Abstandes Gottes von der geschaffenen Welt sind die vom Menschen gewonnenen Erkenntnisformen für die Erfassung des göttlichen Wesens als solches unzulänglich. Thomas hat den aristotelischen Gedanken aufgenommen, daß sich unser Verstand gegenüber den immateriellen Substanzen verhält wie das Auge der Nachtvögel zum Tageslicht. Nur ein Aufhellen der nichtsinnlichen Sachverhalte ist uns an Hand der durch die Sinnendinge gewonnenen Begriffe möglich. Zur göttlichen Wesenheit können wir auf dem Wege der natürlichen Erkenntnis nicht vorstoßen. Thomas ist sogar der Meinung, daß uns das auch vermöge der Offenbarungserkenntnis nicht gelingt, weil, wie gesagt, die göttliche Offenbarung zu uns nur gelangt in dem Maße und in der Weise wie wir fähig sind, sie aufzunehmen. (72)

---

(72) vgl. Meyer, 291 f.

Da die verursachten Dinge von Gott geschaffen sind, weisen sie auf Gott hin, wie ein Kunstwerk von der Hand des Meisters spricht. Der Mensch vermag aber auch den in den Geschöpfen liegenden Offenbarungsgehalt nicht voll auszuschöpfen, weil sein Verstand nicht vollkommen ist. (73)

Gott bleibt dem Menschen ein Unbekannter. Die vollkommenste Gotteserkenntnis, die dem Menschen möglich ist, ist die, daß Gottes Wesenheit über alle Inhalte, die von ihm erfaßbar sind, unendlich weit hinausliegt. (74)

c. Erkennen des Daseins Gottes

Dem Menschen ist es aber gegeben, zu erkennen, daß Gott ist.

In der Beziehung zwischen dem Menschen und dem von ihm erkannten Objekt ist nur die Tatsache, daß der Mensch erkennt, der von ihm, dem Subjekt, ausgehende aktive Einfluß auf das Erkenntnisgeschehen, während das 'Was' des Erkennens als Vernehmender vom Objekt empfängt. (75)

Das vom Menschen zuerst Erkannte ist das Sein in den

---

(73) vgl. Meyer, 291 f.
(74) vgl. Meyer, 291
(75) vgl. Josef Pieper, Die Wirklichkeit und das Gute, München, 7·1963, 39;
   im folgenden zit.: Pieper, Wirklichkeit

materiellen Dingen. (76) Ihres geistig erfaßbaren
Seinsgehaltes wegen sind die Dinge für den Menschen,
dessen erkennender Verstand in einer gewissen Verwandtschaft oder Ähnlichkeit zu der Natur der Dinge
steht, erkennbar. Erkennen zielt auf Wahrheit. Der
Erkennende strebt die Erkenntnis der Wahrheit an, die
in den Dingen ist. Für Thomas gibt es eine ontologische, transzendentale Wahrheit, eine Wahrheit in den
Dingen. Die Dinge sind wahr, sofern sie seiend sind,
eine ihnen eigene Wesensstruktur besitzen. Anderenfalls
wäre Erkenntnis nicht möglich, und das Seiende könnte
nicht gedacht, nicht in den Verstand des Menschen aufgenommen werden. (77)

Vollkommenheit und Wahrheit der Dinge sowie des erkennenden Verstandes gehen auf Gott zurück. Denn Gott ist
der Seinsgrund aller Dinge. Die ontologische Wahrheit
findet sich im Wesensgehalt der Dinge. Der Mensch erkennt die in den Dingen verwirklichte Idee und in diesem Erkenntnisakt einbegriffen Gott, weil die Erkenntnis der Idee und der Wahrheit in den Dingen nur möglich
ist durch die Ähnlichkeit dieser Wahrheit mit der ersten
Wahrheit. (78)

Da Gott keine Akzidentien hat und keiner Gattung angehört, kann der Mensch ihn nicht so erkennen, wie er

---

(76) vgl. Meyer, 396
(77) vgl. Meyer, 459 f. und
   vgl. Josef Pieper, <u>Wahrheit der Dinge. Eine Untersuchung zur Anthropologie des Hochmittelalters</u>,
   München ⁴1966, 33 ff.;
      im folgenden zit.: Pieper, Wahrheit
(78) vgl. Meyer, 459 f.

Sinnendinge erkennt. Der Mensch kann sich der Gotteserkenntnis nähern auf dem Wege der Erkenntnis per Negation, d. h. durch Abstreichen dessen, was Gott nicht ist. Schon bei den Gegenständen unserer Sinneserfahrung gilt, daß wir das Eigensein eines Gegenstandes umso besser erkennen, je mehr wir ihn in seinem Unterschied zu anderen Dingen erfassen. Bei der Erkenntnis Gottes hilft uns die Feststellung und Abgrenzung dessen, was er nicht sein kann, oder dessen, worin er sich von uns bekannten Dingen unterscheidet, das Dunkel, das uns im Hinblick auf ihn umgibt, etwas zu erhellen. Dabei kommt uns dann seine Größe mehr in den Blick.

Ein zweiter Weg zur Erkenntnis des Daseins Gottes ist die Betrachtung seiner Beziehung zu den Sinnendingen. Diesem Weg gilt im folgenden besonders bei den Wegen, die Thomas von Aquin zur Erkenntnis des Daseins Gottes gewiesen hat, unsere Aufmerksamkeit.
(79)

II. Psychologische Unterstützung des Menschen bei der Suche nach Hinweisen auf die Existenz Gottes

Geistige Gehalte zu erkennen erfordert vom Menschen eine Anstrengung, die er oft nur dann zu leisten willens und imstande ist, wenn er dadurch ein sich für ihn lohnendes Ziel zu erreichen glaubt. Deshalb sind alle Fakten, die

---

(79) vgl. Meyer, 292 f.

den Menschen auf dem Weg des Erkennens in seinem Durchhalten auf das jeweilige Ziel hin bestärken, von nicht zu unterschätzender Bedeutung. Der Aufstieg zum Göttlichen ist der längste und mühsamste Weg für den menschlichen Verstand. Dennoch haben zu allen Zeiten und in allen Völkern Menschen sich vom Göttlichen abhängig gefühlt oder nach höchsten Prinzipien des Seins geforscht.

Der Glaube an Gott ist ein zutiefst menschlicher. Das zeigt die Verbreitung der Überzeugung von der Existenz eines Gottes oder von Göttern in eben fast allen Kulturstufen über die Zeiten hinweg. Der Mensch ist sich bewußt, ein abhängiges, unvollkommenes, vergängliches Wesen zu sein. Er kann die Wirklichkeit und sein Dasein nicht von sich selbst her erklären; sondern er bedarf einer Erklärung, die von außerhalb seiner Person und nicht aus den der Zeitlichkeit unterworfenen, vergänglichen Dingen kommt.

Der Mensch strebt nach der Ergänzung durch etwas Vollkommenes. Wenn er verlangt, glücklich zu sein, geliebt, verstanden zu werden, dann möchte er vollkommen und nicht nur zum Teil glücklich sein, und er ist enttäuscht, wenn er bemerkt, daß er dort, von wo er dieses Glück erhoffte, es nicht in seiner Fülle findet.
Beim Akt des Erkennens zielt der menschliche Verstand auf die Erkenntnis der Wahrheit, und zwar der absoluten Wahrheit. Wir bleiben auf dem Weg des Suchens, solange wir diese letzte Gewißheit nicht erreicht haben.

Die totale Erfüllung aber hinsichtlich seiner Sehnsüchte kann dem Menschen nur ein Sein geben, das personaler Natur ist. Denn es ist nicht ersichtlich, wie z. B. die Sehnsucht des Menschen, geliebt und verstanden zu werden, erfüllt werden könnte von einem abstrakten Prinzip, nämlich von absoluten Eigenschaften, die nicht von einem personalen Sein getragen werden, und das deshalb gerade in Hinsicht auf das Personsein des Menschen diesem nicht angemessen wäre.

Ein weiterer Anreiz, nach einem höheren Wesen zu suchen, besteht für den Menschen in der Tatsache der in der Welt vorgefundenen Ordnung. Es gibt auch Unordnung in der Welt. Aber im Gegensatz z. B. zu Camus sehen die theistischen Philosophen die Welt stärker geprägt durch ein ordnendes Prinzip als durch Unordnung. Wäre die in der Welt vorhandene Vielheit nicht in irgendeiner Weise geordnet, so könnten wir keine Einteilungen unter irgendeinem Gesichtspunkt vornehmen. Eine Überschau wäre in keiner Weise möglich. Stünden die verschiedenen Gewebe und Organe im pflanzlichen, tierischen oder menschlichen Körper nicht in einem geordneten Zusammenhang, so wäre nicht ersichtlich, wie die Pflanze oder der Körper eine Einheit bilden und als solche erkannt werden könnten.

Daß ein Ordnungsverhältnis auch im Bereich des Anorganischen herrscht, beweist die Erkennbarkeit von Naturgesetzen und die Möglichkeit der Erklärung von Vorgängen in der Natur eben an Hand dieser Gesetze.

Das Ordnungsverhältnis spannt sich weiter aus. Es besteht im Verhältnis der einzelnen Individuen zu der jeweiligen

Gemeinschaft, im Verhältnis und in der gegenseitigen Abhängigkeit der organischen Natur zu bzw. von der anorganischen und im Verhältnis der gesamten materiellen Welt zum geistbegabten Menschen.

Alle diese und noch weitere, hier nicht aufgeführte Fakten bestärken den Menschen, nach Beweisen für die Existenz Gottes zu suchen. Den Versuchen, Lösungen für dieses Problem zu finden, wollen wir uns nun zuwenden.

III. Einteilung der zur Führung des Gottesbeweises bisher verwandten Methoden

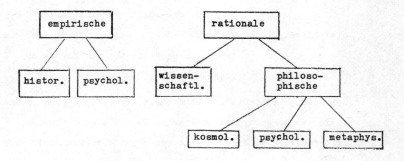

Van Steenberghen teilt in seinem Buch <u>Ein verborgener Gott</u> die bisher angewandten Methoden ein in empirische und rationale.

Zu den empirischen Methoden zählt er
    die historische, die die geschichtliche Tatsache des
        Offenbarwerdens Gottes in der Welt
        sicherstellen will,

und die psychologische, bei der man sich bemüht, Zugang zu Gott zu finden aufgrund innerer religiöser Erfahrung.

Wir werden uns hier den rationalen Methoden zuwenden, die versuchen, ausgehend von in der Natur gegebenen Tatsachen oder Bedingungen unserer Erfahrungswirklichkeit auf dem Weg über das schlußfolgernde Denken zu beweisen, daß, wenn die Wirklichkeit verstehbar sein soll, ein transzendentes Sein existieren muß. Diese Methoden werden unterteilt in wissenschaftliche und philosophische.

Die wissenschaftliche oder positive Methode will das Dasein Gottes aufweisen durch Betrachtung der Tatsachen und Gegebenheiten, mit denen sich die positiven Wissenschaften beschäftigen, jedoch nur auf der Ebene des positiven Wissens, während die philosophische Methode den Beweis auf der Ebene der philosophischen Reflexion und Kritik zu führen versucht.

Geht die philosophische Methode aus von der Bewegung im materiellen Bereich, dem kosmischen Werden oder der Ordnung in der Natur, so sprechen wir von einer kosmologischen Form des Beweises. Zu ihr zählen z. B. der erste, zweite, dritte und fünfte Weg in der <u>Summa theologica</u> des Thomas von Aquin.

Die psychologische Form versucht, das Dasein Gottes durch die Kritik der menschlichen Tätigkeit im Bereich des Denkens oder Wollens zu beweisen. Hierzu zählen z. B. der augustinische Beweis und das ontologische Argument des Anselm von Canterbury.

Die metaphysische Form schließlich befaßt sich mit der metaphysischen Kritik des endlichen Seienden. Als Beispiele finden sich hier der Beweis von Avicenna, wiederaufgenommen von Wilhelm von Auvergne und Thomas von Aquin in <u>De ente et essentia</u> und in der 'Quarta via'.
(80)

Aus den vielen philosophischen Beweisen, die bisher zu führen versucht worden sind, sollen hier nun die bekanntesten herausgegriffen werden.

IV. Unvollkommene philosophische Beweise

1. Der augustinische Beweis

Der hier beschriebene Gottesbeweis des Aurelius Augustinus findet sich im zweiten Buch seines Werkes <u>De libero arbitrio</u>. Das Werk ist in Form eines Dialoges zwischen Augustinus und seinem Schüler Evodius abgefaßt.

Um auf philosophischem Wege Sicherheit über die Existenz Gottes zu gewinnen, müssen nach Augustinus zwei Voraussetzungen erfüllt sein:

Man muß erstens bereits schon, wenigstens anfangshaft, an Gott glauben und

zweitens guten Willens sein, die vorgetragenen Argumente aufrichtig nachzuprüfen. (81)

---

(80) vgl. Steenberghen, 38 - 42
(81) vgl. Aurelius Augustinus, <u>Der freie Wille</u>, Paderborn
    41972, II, 5-6;
    im folgenden zit.: Der freie Wille

Beim Beweis selbst geht Augustinus aus von der Existenz seines Gesprächspartners und fragt ihn, ob er wisse, daß er existiere. Daß er bei dieser Frage getäuscht werden könne, hält Augustinus nicht für möglich. Denn getäuscht werden könne er nur, wenn er sei. (82) Evodius stimmt ihm zu und Augustinus fährt fort: "Es ist daher sicher, daß du bist; aber diese Sicherheit hast du nur, wenn du lebst." (83) Und schließlich: "Dann ist auch die dritte Behauptung klar: daß du verstehst." (84) Der Gottesbeweis ist also gegründet auf die Existenz des zweifelnden Subjekts. Mit diesem Ausgangspunkt ist gesichert, daß das zweifelnde Subjekt denkt, lebt und existiert.

In diesen Grundtatsachen findet sich eine Stufung:

Verstehen setzt voraus, daß das verstehende Subjekt lebt und existiert. Leben setzt voraus, daß das lebende Subjekt existiert.

Das gilt aber nicht umgekehrt. Denn von dem, was existiert, steht noch nicht fest, daß es lebt und noch weniger, daß es denkt. Evodius nennt in dem Dialog dafür das Beispiel des Steines. (85)

Stufung in der Sinneserkenntnis

Die einzelnen Sinne nehmen Teilbereiche aus der Wirklichkeit wahr, so das Auge das Körperliche, das Ohr die Töne usw. Auch können mehrere Sinne gemeinsam den glei-

---

vgl.
(82) Der freie Wille, II, 7
(83) Der freie Wille, II, 7
(84) ebd.
(85) ebd.

chen Teilbereich erfassen, z. B. das Auge die Form
eines Körpers sehen und die Hand sie ertasten.

Ein über den einzelnen Sinnen stehender höherer Sinn
faßt die durch die einzelnen Sinne eingebrachten Informationen zusammen und unterscheidet, was in den Bereich
der jeweiligen Einzelsinne gehört. Diesen inneren Sinn
hat der Mensch wie auch die einzelnen Sinne mit den
Tieren gemeinsam. (86)

Ordnung der Verstandeserkenntnis

> ... erst das durch die Vernunft Erfaßte wissen
> wir. Wir wissen aber, ... daß weder die Farbe
> durch das Gehör, noch der Ton durch das Gesicht
> wahrgenommen wird. Und sobald wir das wissen,
> wissen wir es weder durch die Augen, noch durch
> die Ohren, noch durch jenen Innensinn, der auch
> den Tieren nicht fehlt. (87)

Über dem Innensinn erhebt sich somit die Vernunft.

> ... mit der Vernunft schließlich wird all dies
> und obendrein sie selbst sich zum Bewußtsein
> gebracht und zum Gegenstand des Wissens gemacht
> ... (88)

Das aber, was anderes zu unterscheiden und zu beurteilen vermag, steht höher und ist vollkommener als dieses.
Demnach ist die Vernunft das Höchste im Menschen (89)

Augustinus kommt dann zu der Frage, ob es etwas gebe,
das höher zu stellen sei als die menschliche Vernunft
und das die menschliche Vernunft beurteile, und ob die-

---

(86) vgl. Der freie Wille, II, 8
(87) Der freie Wille, II, 9
(88) Der freie Wille, II, 1o
(89) vgl. Der freie Wille, II, 12-13

ses Höhere, wenn es existiere, Gott zu nennen sei. Evodius widerstrebt es aber, das Gott zu heißen, dem nur seine Vernunft unterlegen ist, während es in Wirklichkeit über Gott überhaupt nichts gibt. (90) Augustinus jedoch sieht den Beweis über die Existenz Gottes schon als erbracht an, wenn er dieses Höhere, ein Ewiges und Unwandelbares, findet. Er fragt schließlich:

> Gibt es etwas, das für alle Vernunftbegabten gemeinsam ist, das jeder mit der Vernunft und dem Verstande sieht, weil es allen gegenwärtig ist und nicht in den Gebrauch des einzelnen übergeht wie Speise und Trank, sondern unversehrt und unberührt bleibt ... (91)

Allen Vernunftbegabten gegenwärtig sind aber z. B. Ordnung und Wahrheit der Zahl, obwohl nicht jeder imstande ist, sie richtig zu begreifen.

> ... und wer sie aufnimmt, wandelt und zersetzt sie nicht wie eine Nahrung, sie nimmt nicht ab, wenn einer in ihr irrt: sie bleibt dieselbe Wahre, Unversehrte, während jener immer tiefer irrt, je weniger er sie erblickt. (92)

Über der Vernunft thront also die Wahrheit, die Augustinus die Weisheit nennt und in der er das höchste Gut erfaßt. (93) Die Wahrheit ist unwandelbar, während unsere Vernunft der Veränderlichkeit unterworfen ist. Die Wahrheit ist allen Denkenden gemeinsam gegenwärtig. Es gibt nur eine Wahrheit und nicht verschiedene. Sie gehört einem Menschen, der sie erkennt, nicht zu eigen; sondern sie ist als allgemeines Licht für alle gegenwärtig; sie ist transzendent.

---

(90) vgl. Der freie Wille, II, 14
(91) Der freie Wille, II, 2o
(92) ebd.
(93) vgl. Der freie Wille, II, 26

Die Wahrheit ist uns vorgegeben und unserem Verstande
überlegen. Unser Verstand muß sich nach ihr richten.
Wir sind in unserem Urteilen von ihr abhängig. Wir beurteilen
nach ihr sogar unseren eigenen Verstand, wenn wir
z. B. feststellen, daß dieser Mensch weniger begreift
als jener.

Da die Vernunft nun etwas in ihrem Bewußtsein vorfindet,
das ihr überlegen ist, nämlich absolute, ewige, unwandelbare
Wahrheit, so ist für Augustinus entweder diese
Wahrheit Gott oder aber es liegt noch etwas über der
Wahrheit und das ist dann Gott.   (94)

Kritik des augustinischen Beweises

Van Steenberghen bezeichnet diesen Beweis als Lösungsversuch
ohne zwingende Beweiskraft. Augustinus geht seiner
Meinung nach von einer ungenügenden Nominaldefinition
Gottes aus, wenn er Gott nur das Sein nennt, das dem
menschlichen Geist überlegen ist und wenn er schließlich
von der Wahrheit sagt, daß entweder sie Gott sei oder es
über der Wahrheit noch eine andere Wirklichkeit gebe und
diese sei Gott. Augustinus nimmt denn auch den Glauben
zu Hilfe und weist darauf hin, es sei uns im Glauben
kundgetan, daß Gott (dem Vater) die Weisheit gleich sei,
die aus ihm hervorgehe. (95) Augustinus geht also von
einem abstrakten Begriff, der Idee von der Wahrheit,
durch ein im Glauben gefundenes Band zum Personsein Gottes

---

(94) vgl. Der freie Wille, II, 26-39
(95) vgl. Der freie Wille, II, 39

über. Auch das Dasein einer über dem menschlichen Geist stehenden Wirklichkeit hält Van Steenberghen durch den Aufweis des transzendentalen Charakters der Prinzipien derjenigen Bereiche, in denen die normierende Tätigkeit des Denkens zum Ausdruck kommt, für nicht genügend bewiesen. (96)

2. Das ontologische Argument

Dieser Beweisgang findet sich zuerst bei Anselm von Canterbury im Proslogion. Er wurde von Kant, dem die ihm von Descartes und Leibniz gegebene Form bekannt war, ontologischer Beweis genannt. Der Gedanke ist folgender:

> Als "Gott" bezeichnet man ein Seiendes, über das hinaus kein größeres mehr gedacht werden kann. ...
> Nun aber kann dasjenige, was so groß ist, daß etwas Größeres gar nicht mehr gedacht werden kann, nicht nur im Denken existieren, denn sonst könnte man etwas Größeres denken, nämlich dasselbe Wesen, das auch in der Wirklichkeit existiert.
> Folglich existiert Gott im Denken und in der Wirklichkeit.
> (97)

Schon zu Lebzeiten Anselms stieß das Argument auf Kritik. Der Mönch Gaunilo erwiderte, wenn er sich eine vollkommene Insel denke, so folge daraus nicht, daß sie existiere. Auch Kant sagt später, mit dem Begriff einer Sache sei ihre Existenz noch nicht gegeben.

Aber für Anselm trifft das Beispiel von der vollkommenen Insel nicht den wahren Sachverhalt. Die Idee Gottes ist

---

(96) vgl. Steenberghen, 57-59
(97) Steenberghen 59

für ihn mit keiner anderen vergleichbar. Denn bei der
Idee Gottes werde ein Wesen gedacht, das alle Vollkommenheiten notwendig und von Ewigkeit her in sich enthalte. Das vollkommenste Wesen ist für ihn ohne Anfang und Ende, auch nicht aus Teilen bestehend; es ist "das Ganze des Seins und des Denkens". (98) Alles Unvollkommene setzt für Anselm ein Vollkommeneres voraus, das schon vorher war. Da das Unvollkommene wirklich ist, ist es ganz gewiß das Vollkommene. Im Unvollkommenen sieht Anselm nur das Abbild des Vollkommenen, das die eigentliche Realität ist. (99)

Auch Van Steenberghen hält nicht jeden Übergang von der logischen zur wirklichen Ordnung für unstatthaft. Er gibt zu, daß von den Ideen auf die wirklichen Bedingungen geschlossen werden könne, die von ihnen notwendig impliziert seien. Aber im anselmianischen Argument erscheine das höchst vollkommene Sein nicht als die notwendige Bedingung der Idee von diesem vollkommenen Sein. Es sei also notwendig, auf einem anderen Wege zu beweisen, daß das vollkommenste Sein, das überhaupt möglich ist, auch existieren müsse.
Aber selbst nachdem ein solcher Beweis erfolgt sei, was Van Steenberghen für möglich hält, denn auch er ist der Ansicht, daß das Dasein des höchstmöglichen Seins im

---

(98) Johannes Hirschberger, *Geschichte der Philosophie. Altertum und Mittelalter*, Freiburg/Br. 8.1965, 407; im folgenden zit.: Hirschberger I. Teil
(99) vgl. Hirschberger I. Teil, 406 f.

Dasein von jedem beliebigen Wirklichkeitsbestand impliziert ist, sieht er den anselmianischen Beweisgang deshalb nicht für rehabilitiert an, weil man auch dann noch nichts Genaueres über das höchstmögliche Seiende wisse. "Ist es ein Eines oder Vieles, endlich oder unendlich, Materie oder Geist, transzendente oder weltimmanente Ursache, persönlich oder unpersönlich?" (1oo)
Die eigentliche Schwäche des Beweises liegt wiederum in der ungenügenden Nominaldefinition Gottes, die Van Steenberghen für noch weniger ausreichend ansieht, als die im zuvor beschriebenen augustinischen Beweis. (1o1)

3. Die fünf Wege des Thomas von Aquin

In seiner <u>Summa theologica</u> stellt Thomas von Aquin fünf Wege vor, die dazu helfen sollen, Gewißheit über das Dasein Gottes zu erlangen. Jeder von ihnen führt zu einem Attribut, das Gott gemäß der Vorstellung, die die Christen von ihm im Glauben haben, wesenseigen ist:
    Unveränderlichkeit,
    unverursachte Ursache,
      notwendig, aus sich existierendes und höchstes Sein,
      ordnungsgebende Intelligenz.
Die fünf Wege werden deshalb von vielen Autoren als ein einziger Aufweis bezeichnet, der nur unter jeweils ver-

---

(1oo) Steenberghen, 61
(1o1) vgl. Steenberghen, 6o-61

schiedenen Aspekten dargestellt sei.

Wie schon bei der Behandlung der erkenntnistheoretischen Fundierung der Gotteserkenntnis in der thomistischen Philosophie ausgeführt (1o2), geht Thomas, um Erkenntnis über Göttliches zu erlangen, von in der Außenwelt des Menschen gegebenen Fakten aus. Denn wir können das göttliche Sein nicht unmittelbar schauen; es ist daher für uns nicht aus sich heraus einsichtig, und so bleibt dem Menschen nur der Aufstieg zum Göttlichen von unten nach oben. Deshalb hat Thomas auch die zuvor beschriebenen Beweise von Augustinus, der von der inneren Erfahrung ausgeht, und von Anselm, der bei einer Idee vom größtmöglichen Sein ansetzt, als solche nicht angenommen. (1o3)

Gott kann vom Menschen nicht durch Anwendung einer deduktiven Methode gefunden werden, aber auch nicht durch induktives Schließen, Herausheben von allgemeinen Eigenschaften und Gesetzen aus in der Welt vorgefundenem Seienden einer Art oder Gattung. Denn Gott ist nicht eine Eigenschaft an den Dingen; er ist nicht an ihnen, sondern steht über ihnen. (1o4) "Die für den Gottesbeweis geforderte Methode ist daher der Rückstieg in den Seinsgrund oder die Rückführung der erfahrbaren physischen Welt auf ihren nicht mehr direkt erfahrbaren meta-physischen Grund ...". (1o5)

(1o2) s. o. Kap. B, Abschn. I, 28 - 32
(1o3) vgl. Ph. Böhner, E. Gilson, <u>Christliche Philosophie</u>,
    Paderborn ³1954, 518;
    im folgenden zit.: Böhner-Gilson
(1o4) vgl. Beck, Der Gott der Weisen, 50-51
(1o5) Beck, Der Gott der Weisen, 51

Die ersten drei Wege gehen zurück auf Aristoteles.

Der erste, ausgehend von der Tatsache der Bewegung, wurde schon von den Arabern und Albert übernommen,

der zweite, ausgehend von einer Betrachtung der Wirkursachen, von Avicenna und Albert,

der dritte, bei der Kontingenz der endlich Seienden ansetzend, von Moses Maimon.

Der vierte Weg, bei dem die Stufen der Vollkommenheit betrachtet werden, findet sich zuerst im Monologium Anselms. Er fußt auf augustinisch-platonischem Gedankengut.

Der fünfte Weg, der die Zielstrebigkeit in den Naturdingen zur Grundlage nimmt, geht auf Anaxagoras zurück und wurde schon von Cicero, Seneca, in der Patristik, der Frühscholastik, von Averroës und von Albert angewandt. (106)

Wir wollen zunächst den vierten Beweis näher betrachten, weil er, was seine Methode anbetrifft, aus dem Rahmen der übrigen Wege herausfällt und mit den beiden zuvor beschriebenen Beweisen zu denen gehört, die von Van Steenberghen als Lösungsversuche ohne letztlich zwingende Beweiskraft bezeichnet werden.

---

(106) vgl. Meyer, 296-302

4. Der 'vierte Weg'

- Beweis aus den Stufen des Seins -

> Der vierte Weg geht aus von den Seins- (= Wert-)
> Stufen, die wir in den Dingen finden. Wir stellen nämlich fest, daß das eine mehr oder weniger gut, wahr, edel ist als das andere. Ein Mehr oder Weniger wird aber von verschiedenen Dingen nur insofern ausgesagt, als diese sich in verschiedenem Grade einem Höchsten nähern. ... Es gibt also etwas, das "höchst" wahr, "höchst" gut, "höchst" edel und damit im höchsten Grade "Sein" ist. Denn nach Aristoteles ist das "höchst" Wahre auch das "höchst" Wirkliche. Was aber innerhalb einer Gattung das Wesen der Gattung am reinsten verkörpert, das ist Ursache alles dessen, was zur Gattung gehört ... So muß es auch etwas geben, das für alle Wesen Ursache ihres Seins, ihres Gutseins und jedweder ihrer Seinsvollkommenheiten ist: und dieses nennen wir "Gott".
> (107)

Thomas steht hier unter dem Einfluß der platonischen Lehre von den Vollkommenheitsstufen. Es kommt der Teilhabegedanke zum Ausdruck, daß die Gutheit und Schönheit in den uns bekannten Dingen möglich ist durch Teilhabe an der Idee von der höchsten, vollkommensten Gutheit und Schönheit. Thomas verbindet diesen Teilhabegedanken mit dem Kausalgedanken. (108) Die im vierten Weg angebotene Lösung enthält jedoch zwei Stellen, die den Nachvollzug des Beweises in der vorgelegten Form erschweren, weil sie nicht notwendig einsichtig sind.

Die erste ist die Behauptung, daß von Mehr oder Weniger nur im Hinblick auf ein Höchstes gesprochen werden könne. Die Feststellung von Mehr oder Weniger wird aber

---

(107) S. th., I, 2, 3
(108) vgl. Meyer, 300 f.

normalerweise getroffen im Hinblick auf ein Maß, das
als Einheit gilt. (109) Die verschiedene Länge von
Stäben läßt sich feststellen entweder durch Nebeneinanderlegen dieser Stäbe oder durch jeweiliges Anlegen
eines Stabes, dessen Länge als Einheit betrachtet wird.
Die Feststellung des Grades der Schönheit endlicher
Dinge durch Vergleich mit der unendlichen Schönheit
des Absoluten aber wäre schon deshalb nicht möglich,
weil der Unterschied von jedem Endlichen zum Absoluten
ein unendlicher ist, wenn auch innerhalb der endlichen
Dinge selbst Unterschiede bestehen.

Die zweite nicht unmittelbar einsichtige Behauptung
ist die, daß das, was innerhalb einer Gattung das Wesen
dieser Gattung am reinsten verkörpert, Ursache alles
dessen sei, was zur Gattung gehöre. Wir dürfen jedoch
Thomas nicht unterstellen, daß er der Meinung sei, daß
das stärkste Tier einer Gattung Ursache für die Stärke
der anderen Tiere dieser Gattung sei, sondern müssen
annehmen, daß er dasjenige Sein im Auge hat, das die
Fülle aller Stärke in sich enthält. Die Ursache der
Dinge der endlichen Welt kann nicht als relativ höchstes der endlichen Dinge erscheinen so wie die oberste
Sprosse einer Leiter; sondern die Ursache muß anderer,
hier überweltlicher Natur sein. (110)
Aber auch, wenn wir das Argument in dieser Form sehen,
ist damit doch noch nicht das Dasein des absolut höchsten Seins erwiesen. (111)

---

(109) vgl. Steenberghen, 64
(110) vgl. Meyer, 301
(111) vgl. Steenberghen, 65

5. Der 'erste Weg'

- Beweis des ersten Bewegers -

> Es ist eine sichere, durch das Zeugnis der
> Sinne zuverlässig verbürgte Tatsache, daß es in
> der Welt Bewegung gibt. Alles aber, was in Be-
> wegung ist, wird von einem anderen bewegt. Denn
> in Bewegung sein kann etwas nur, sofern es un-
> terwegs ist zum Ziel der Bewegung. Bewegen aber
> kann etwas nur, sofern es irgendwie schon im
> Ziel steht. Bewegen (im weitesten Sinne) heißt
> nämlich nichts anderes als: ein Ding aus seinen
> Möglichkeiten überführen in die entsprechenden
> Wirklichkeiten. Das aber kann nur geschehen
> durch ein Sein, das bereits in der entsprechen-
> den Wirklichkeit steht. ... Es ist aber nicht
> möglich, daß ein und dasselbe Ding in bezug auf
> dieselbe Seinsvollkommenheit "schon" ist und
> zugleich "noch nicht" ist, was es sein könnte.
> Möglich ist das nur in bezug auf verschiedene
> Seinsformen oder Seinsvollkommenheiten. ...
> Ebenso ist es unmöglich, daß ein und dasselbe
> Ding in bezug auf dasselbe Sein in einer und
> derselben Bewegung zugleich bewegend und bewegt
> sei oder - was dasselbe ist -: es ist unmöglich,
> daß etwas (in diesem strengen Sinne) sich selbst
> bewegt. Also muß alles, was in Bewegung ist, von
> einem anderen bewegt sein. - Wenn demnach das,
> wovon etwas seine Bewegung erhält, selbst auch
> in Bewegung ist, so muß auch dieses wieder von
> einem anderen bewegt sein, und dieses andere
> wieder von einem anderen. Das kann aber unmöglich
> so ins Unendliche fortgehen, da wir dann kein
> erstes B$_e$wegendes und infolgedessen überhaupt
> kein Bewegendes hätten. Denn die späteren Beweger
> bewegen ja nur in Kraft des ersten Bewegers ...
> Wir müssen also unbedingt zu einem ersten Bewe-
> genden kommen, das von keinem bewegt ist. Dieses
> erste B$_e$wegende aber meinen alle, wenn sie von
> "Gott" sprechen. (112)

Mit dem ersten Weg will Thomas zeigen, daß es jenseits unserer veränderlichen Welt eine unveränderliche Wirklichkeit geben muß. Der Satz von der Bewegung betrifft für ihn nicht nur die materielle Bewegung (z. B. Ortsbewegung); sondern er sieht in ihm ein metaphysisches

---

(112) S. th., I, 2, 3

Gesetz. (113) Unter Bewegung kann man aber nicht nur Bewegung auf ein Mehr hin, nämlich Werden verstehen; sondern zur Veränderung des zeitlich Existierenden gehört auch, daß etwas weniger werden und vergehen kann. Es wird also in der Welt nicht nur die Bewegung aus dem Nichts ins Sein, sondern auch die vom Sein ins Nichts beobachtet. (114) Thomas betrachtet in seinem Text die Bewegung zum Mehr hin. Deshalb sagt er, daß etwas nur dann bewegen kann, wenn es schon im Ziel ist, also wenn es mehr ist als das Bewegte. Es werden dann neue Bestimmungen hinzugegeben. Das ist die Antwort auf die Frage danach, woher das Mehr an Sein kommt, aus dem Nichts oder aus positivem Sein. Ein Seiendes kann nicht aus einem Nichts entstehen. Wenn es vorher nicht war und ins Sein kommt, so muß es von einem positiven Sein herkommen.

Wenn wir die Bewegung allein, z. B. die der Elektronen um den Kern eines Atoms betrachten, gilt auch hier nicht, daß sie sich bewegten, ohne von etwas anderem bewegt zu sein. Wenn dem auch so wäre, daß, sobald der Anstoß erfolgt sei, die Bewegung ohne immer wiederholt zu gebende neue Antriebe abliefe, so könnte sich die Materie doch nicht aus sich selbst im Sein erhalten. Wenn sie das könnte, wäre sie Gott. (115)

---

(113) vgl. Meyer, 297
(114) vgl. Beck, Der Gott der Weisen, 55
(115) vgl. Jacques Maritain, Wege zur Gotteserkenntnis (Approches de Dieu), Übs. H. u. W. Kühne, Colmar o. J., 31;
im folgenden zit.: Maritain

Auch alles Lebendige an sich ist nur soweit in der Lage, sich selbst auf Mögliches hinzubewegen, als es von einem anderen in Wirklichkeit gesetzt worden ist. In bezug auf das Darüberhinausliegende, worin es in Möglichkeit besteht, muß es von einem Höheren bewegt werden. (116)

Dennoch ist mit diesem Beweis noch nichts gesagt über die nähere Beschaffenheit des ersten Bewegenden: Ob es eine oder mehrere absolute unveränderliche Wirklichkeiten gibt, endlicher oder unendlicher, persönlicher oder unpersönlicher und schöpferischer oder nur bewegender Natur. (117)

6. Der 'zweite Weg'
- Beweis der ersten Ursache -

> Der zweite Weg geht vom Gedanken der Wirkursache aus. Wir stellen nämlich fest, daß es in der sichtbaren Welt eine Über- und Unterordnung von Wirkursachen gibt; dabei ist es niemals festgestellt worden und ist auch nicht möglich, daß etwas seine eigene Wirk- oder Entstehungsursache ist. Denn dann müßte es sich selbst im Sein vorausgehen, und das ist unmöglich. Es ist aber ebenso unmöglich, in der Über- und Unterordnung von Wirkursachen ins Unendliche zu gehen, sowohl nach oben als nach unten. Denn in dieser Ordnung von Wirkursachen ist das Erste die Ursache des Mittleren und das Mittlere die Ursache des Letzten, ob nun viele Zwischenglieder sind oder nur eines. Mit der Ursache aber fällt auch die Wirkung. Gibt es also kein Erstes in dieser Ordnung, dann kann es auch kein Letztes oder Mittleres geben. Lassen wir die Reihe der Ursa-

---

(116) vgl. Maritain, 33 f.
(117) vgl. Steenberghen, 1o7 f.

> chen aber ins Unendliche gehen, dann kommen
> wir nie an eine erste Ursache und so werden
> wir weder eine letzte Wirkung noch Mittel-
> Ursachen haben. Das widerspricht aber den
> offenbaren Tatsachen. Wir müssen also not-
> wendig eine erste Wirk- oder Entstehungs-
> ursache annehmen: und die wird von allen
> "Gott" genannt. (118)

Mit der ersten Wirkursache meint Thomas nicht die erste in einer einfachen horizontalen Aufeinanderfolge gleichartiger Ursachen. Indem wir etwas in seine Vergangenheit zurückverfolgen, kommen wir zur Frage nach dem, was es bedingte, zu einer Ursache, die auf einer anderen Ebene liegt. Diese Linie kann nicht ins Unendliche fortgehen; sie muß ein Ende haben, über das hinaus eine Steigerung nicht möglich ist. Alle von dieser ersten Ursache bewirkten weiteren Ursachen würden zu irgendwelchem Zeitpunkt nicht in Funktion treten können, wenn sie nicht fortwährend von der ersten Ursache im Sein und damit im Wirkenkönnen erhalten würden. Die erste Ursache ist also als Ursache unendlich anderer Natur als alle von ihr bewirkten Ursachen. Sie ist den bewirkten Ursachen transzendent. So wird jedes einzelne Seiende in jedem Augenblick von der Erstursache im Sein erhalten. Insofern gibt es nicht ein erstes Bewegtes; sondern alle verursachten Seienden sind Erstbewegte durch die Erstursache, werden von ihr direkt im Sein erhalten. (119)

Aber auch dieser Beweis ist nicht vollkommen. Denn wenn man nach dem näheren Beschaffensein dieser Erst-

---

(118) S. th., I, 2, 3
(119) vgl. Maritain, 39 - 43

ursache aufgrund dieses Beweisganges fragt, erhält man keine befriedigende Antwort. Es ist wiederum nicht gesagt, ob eine einzige Erstursache anzunehmen ist, ob diese Ursache endlich oder unendlich, erschaffend oder umwandelnd, körperlich oder geistig, persönlich oder unpersönlich ist. (120)

7. Der 'dritte Weg'
   - Beweis des notwendig Existierenden -

   Wir stellen wieder fest, daß es unter den Dingen
   solche gibt, die geradesogut sein wie auch nicht
   sein können. Darunter fällt alles, was dem Entstehen und Vergehen unterworfen ist. Es ist aber
   unmöglich, daß die Dinge dieserart immer sind
   oder gewesen sind; denn das, was möglicherweise
   nicht ist, ist irgendwann einmal auch tatsächlich
   nicht da oder nicht da gewesen. Wenn es also für
   alle Dinge gelten würde, daß sie möglicherweise
   nicht da sind oder nicht da gewesen sind, dann muß
   es eine Zeit gegeben haben, wo überhaupt nichts
   war. Wenn aber das wahr wäre, könnte auch heute
   nichts sein. Denn was nicht ist, fängt nur an zu
   sein durch etwas, was bereits ist. Gab es aber
   überhaupt kein Sein, dann war es auch unmöglich,
   daß etwas anfing zu sein, und so wäre auch heute
   noch nichts da, und das ist offenbar falsch.
   Also kann nicht alles in den Bereich jener Dinge
   gehören, die (selbst, nachdem sie sind) geradesogut auch nicht sein können; sondern es muß etwas
   geben unter den Dingen, das notwendig (d. h. ohne
   die Möglichkeit des Nichtseins) ist. Alles notwendige Sein aber hat den Grund seiner Notwendigkeit
   entweder in einem anderen oder nicht in einem anderen (sondern in sich selbst). In der Ordnung
   der notwendigen Wesen, die den Grund ihrer Notwendigkeit in einem anderen haben, können wir nun
   aber nicht ins Unendliche gehen, sowenig wie bei
   den Wirkursachen. Wir müssen also ein Sein annehmen, das durch sich notwendig ist und das den
   Grund seiner Notwendigkeit nicht in einem anderen
   Sein hat, das vielmehr selbst der Grund für die
   Notwendigkeit aller anderen notwendigen Wesen ist.

---

(120) vgl. Steenberghen, 110

> Dieses notwendige Sein aber wird von allen
> "Gott" genannt. (121)

Thomas gebraucht hier aristotelische Begriffe. Nach ihnen ist das Notwendige ewig und das Zufällige zeitlich. Die Darlegung des dritten Weges in der <u>Summa theologica</u> befriedigt aber nicht. Es ist nicht unmittelbar einleuchtend, daß, wenn es nur kontingente Dinge gäbe, es einmal nichts gegeben haben müsse. Denn man könnte sich eine unendliche Reihe kontingenter Bedingungen denken. (122) In der <u>Summa contra gentiles</u> hat Thomas den Beweis besser dargestellt. Es heißt dort:

> Wir sehen in der Welt manches, was sowohl sein als auch nicht sein kann, nämlich die dem Entstehen und Vergehen unterworfenen Dinge. Alles aber, dessen Sein möglich ist, hat eine Ursache; denn da es sich von sich aus in gleicher Weise zu beidem verhält, nämlich zum Sein und zum Nichtsein, muß, wenn ihm Sein zu eigen gegeben wird, dies von einer Ursache herkommen. Aber bei den Ursachen kann man nicht ins Unendliche fortgehen ... Also muß man etwas annehmen, dessen Sein notwendig ist.
> (123)

Mit diesem Beweisgang wird gezeigt, daß es Notwendig-Seiendes geben muß. Das gleiche aber, das für die ersten beiden Beweise gesagt wurde, gilt auch hier: Durch das Argument kommt die weitere Beschaffenheit des notwendigen Seins nicht zum Ausdruck. Die Einzigkeit des Absoluten, daß es schöpferisch, geistig und Person ist, müßte noch nachgewiesen werden. (124)

---

(121) S. th., I, 2, 3
(122) vgl. Steenberghen, 111 f.
(123) Thomas von Aquin, <u>Summe gegen die Heiden (Summae contra gentiles libri quattuor)</u>, hrsg. u. übs. v. K. Albert u. P. Engelhardt, 1.Bd., I, XV;
(124) vgl. Steenberghen, 113

8. Der 'fünfte Weg'

- Beweis des obersten Lenkers der Dinge -

> Der fünfte Weg geht aus von der Weltordnung.
> Wir stellen fest, daß unter den Dingen manche,
> die keine Erkenntnis haben, wie z. B. die Naturkörper, dennoch auf ein festes Ziel hin
> tätig sind. Das zeigt sich darin, daß sie immer
> oder doch in der Regel in der gleichen Weise
> tätig sind und stets das Beste erreichen. Das
> beweist aber, daß sie nicht zufällig, sondern
> irgendwie absichtlich ihr Ziel erreichen. Die
> vernunftlosen Wesen sind aber nur insofern
> absichtlich, d. h. auf ein Ziel hin tätig, als
> sie von einem erkennenden geistigen Wesen auf
> ein Ziel hingeordnet sind, wie der Pfeil vom
> Schützen. Es muß also ein geistig-erkennendes
> Wesen geben, von dem alle Naturdinge auf ihr
> Ziel hingeordnet werden: und dieses nennen wir
> "Gott". (125)

Sehen wir von dem Beispiel des Pfeiles ab, das von Thomas unglücklich gewählt wurde, weil der Pfeil von Natur aus weder Bewegung noch Richtungsbestimmtheit zeigt, so will Thomas in seinem fünften Weg aufzeigen, daß die Naturdinge, da sie selbst keine Intelligenz besitzen, die Zielstrebigkeit in ihrer Aktivität von einer vernünftigen Ursache erhalten haben müssen. (126) Daß die Naturkörper immer oder in der Regel in der gleichen Weise arbeiten, zeigt die Stabilität der Naturgesetze. Die Naturgesetze könnte der Mensch nicht erforschen, wenn diese Stabilität nicht vorhanden wäre. Auch in der belebten Natur sind Ziel und Richtung festgelegt. So wird sich aus dem Samen einer bestimmten Pflanze immer nur wieder eine der ersten ähnliche Pflanze entwickeln.

---

(125) S. th., I, 2, 3
(126) vgl. Steenberghen, 114

Der zweite Ausgangspunkt des Beweises, nämlich daß die Naturdinge bei ihrer Tätigkeit ein optimales Ergebnis erzielen, läßt sich wiederum im pflanzlichen Bereich aufzeigen. Ein Baum, der die günstigsten Bodenverhältnisse, klimatischen Bedingungen usw. vorfindet, wird das Wesen dieser Baumart besser erkennen lassen, sich gesünder und im Zusammenspiel der einzelnen in ihm ablaufenden Teilfunktionen harmonischer entwickeln als ein vergleichbarer Baum bei ungünstigeren Voraussetzungen; aber stets erscheint das Ergebnis als das unter den gegebenen Bedingungen optimale.

Die Zielgerichtetheit der Naturdinge ist nicht nur nachgewiesen in der Einzelentwicklung jeden Individuums, sondern auch in der Entwicklung der Natur im ganzen, in der Evolution. (127) Daß sich aus Anorganischem pflanzliches Leben entwickelte, aus pflanzlichem tierisches Leben und schließlich ein geistbegabtes Lebewesen, ist nach der christlichen Philosophie durch Zufall nicht zu erklären. Das Leben kann sich nicht aus einem Sein bilden, das das Leben nicht in sich trägt, der vernünftige Geist nicht aus unvernünftigen Dingen. Beim Erscheinen von Seinsweisen, die vorher in der Welt nicht vorhanden waren, muß das Neue von einem anderen, höheren Sein her hinzugegeben worden sein.
In der Natur offenbart sich also das Wirken einer Intelligenz.

---

(127) vgl. Steenberghen, 114 f.

Aber auch nach diesem Beweis fehlen noch weitere Angaben über die Beschaffenheit dieser Intelligenz. Es müßte noch gezeigt werden, daß es eine einzige Intelligenz ist, überweltlicher, persönlicher und schöpferischer Natur. Hinzu kommt die Schwierigkeit, die Existenz des Übels zu erklären. Man könnte deshalb zur Annahme einer dualistischen Konzeption des Weltalls hinneigen, nämlich daß einem guten Prinzip ein böses gegenübersteht. (128)

9. Zusammenfassung

Fehlte den drei zuerst beschriebenen Beweisen, dem augustinischen, dem anselmianischen und dem vierten Weg von Thomas von Aquin die letztlich zwingende Beweiskraft, so sind der erste, zweite, dritte und fünfte Weg von Thomas von Aquin nicht vollständig. Diese in der kosmologischen Form abgefaßten Wege können nur als Hinführung zum eigentlichen Beweis angesehen werden, und das Wort 'Wege', mit dem Thomas von Aquin sie selbst bezeichnete, erscheint als vollkommen angebracht. Sie weisen aus, daß es

    eine oder mehrere absolute, unveränderliche Wirklichkeiten,
    absolute, unverursachte Ursachen,
    absolute (notwendige) Seiende,
    ordnungsgebende Intelligenzen

geben muß.

---

(128) vgl. Steenberghen, 120

In weiteren Schritten müßte aber noch gezeigt werden, daß am Anfang jeweils nur e i n erster Beweger, e i n e erste Ursache usw. steht und daß dies nur ein einziges Sein ist, geistiger, persönlicher und schöpferischer Natur. Der Gott der Christen, der gesucht wird als ein absoluter, der Welt überlegener, personaler Gott, der Schöpfer und Vorsehung der Welt ist, wurde nach den bis jetzt beschriebenen Beweisen noch nicht gefunden.

V. Der metaphysische Gottesbeweis bei Van Steenberghen

Der metaphysische Gottesbeweis bei Van Steenberghen zerfällt in zwei Schritte. Im ersten Schritt zeigt er, daß es eine absolute Realität gibt, im zweiten, daß diese Realität unendlich ist.

1. Erster Schritt: Das Absolute

Van Steenberghen sieht die Evidenz des Satzes
"Weil etwas existiert, existiert auch etwas aus sich."
(129) als gegeben an. Denn das Gegenteil der darin gemachten beiden Aussagen enthält jeweils einen Widerspruch. Daß nichts existiere, können wir nicht behaupten, denn wie schon Augustinus und Descartes gezeigt haben, kann auch der Zweifelnde nicht von seiner eigenen

---

(129) Steenberghen, 147

Existenz absehen. Um getäuscht zu werden oder sagen zu
können, daß nichts existiere, muß der Getäuschte bzw.
der Zweifelnde gerade selbst existieren; deshalb ist
es evident, daß etwas existiert. Ebenso wäre die Behauptung "die Gesamtheit der Existierenden existiert durch
etwas anderes" (130) kontradiktorisch, weil hier im
Subjekt eine Gesamtheit behauptet und von ihr im Prädikat gesagt würde, sie existiere durch etwas anderes als
eben diese Gesamtheit. Dann müßte es doch noch etwas
außerhalb der behaupteten Gesamtheit geben, und die
'Gesamtheit der Existierenden' wäre nicht die Gesamtheit
der Existierenden.

Die Idee vom Sein hat transzendentalen Charakter. Wir
können mit ihr durch unser Denken alle Gegebenheiten
unserer Erfahrung und alles das, was darüber hinaus bestehen könnte, zusammenfassen zu einem Gesamtobjekt, das
einen absoluten Wert darstellt. Denn wenn die Gesamtheit
des Wirklichen alles enthält, kann nichts außerhalb
ihrer sein. Sie steht dann nur dem Nichts gegenüber.
Demnach muß sie unbedingt sein und das, wodurch sie
existiert, sich in ihr finden lassen. Etwas in der Gesamtheit des Seienden muß also notwendig aus sich selbst
sein und die Existenz von allem anderen erklären. (131)

Dieser Schritt zum Absoluten wurde auch in den meisten
klassischen Beweisen getan, so auch, wie gezeigt wurde,

---

(130) Steenberghen, 147
(131) Steenberghen, 147 f.

in den ersten drei Wegen in der <u>Summa theologica</u> des
Thomas von Aquin. Auch das im 'höchsten Grade Seiende'
der quarta via ist die nicht verursachte Ursache aller
anderen, nicht vollkommenen Seienden. Jedoch kommt das
Absolute als Prinzip nicht allein in der theistischen
Philosophie vor; sondern es findet sich z. B. als absoluter Geist bei Hegel, als Wille bei Schopenhauer
oder als absolute Materie im Materialismus. Der Unterschied kommt erst zum Ausdruck im zweiten Schritt des
metaphysischen Beweises. (132)

2. Zweiter Schritt: Das Unendliche

> Eine absolute Realität drängt sich mit Notwendigkeit auf.
> Nun aber kann man sie nicht im Gesamtbereich
> der endlichen Seienden ausfindig machen.
> Also ist die absolute Realität nichtendlich
> oder unendlich.
> (133)

Alle endlichen Seienden sind verursacht. Also ist auch
der Gesamtbereich aller endlichen Seienden verursacht,
und zwar durch eine einzige außer ihm seiende Wirklichkeit, die allem Endlichen transzendent ist. Von dieser
einen Wirklichkeit hängen alle verursachten ab. Das
trifft zu sowohl für das Sein selbst des Endlichen wie
auch für sein Wirken. (134)

---

(132) vgl. Steenberghen, 148 f
(133) Steenberghen, 155
(134) vgl. Steenberghen, 156

a. **Die Abhängigkeit des endlichen Seins in seinem Sein selbst**

Jedes endliche Sein hebt sich als etwas Fremdes ab von einem ihm gegenüberstehenden anderen endlichen Sein. Aber dieses Gegenüberstehen schließt nicht schon gegenseitige Abhängigkeit ein, besagt vielmehr nur Trennung. Somit ist es nicht die Endlichkeit des endlichen Seins, was die Abhängigkeit im Sein des Endlichen ausmacht. Das fundamentale Bezogensein der endlichen Seienden auf ein anderes Seiendes kommt zum Vorschein darin, daß sie sich grundlegend ähneln, obwohl sie voneinander verschieden sind. Sie ähneln sich darin, daß sie alle Seiende sind. Bei den Dingen aber, die einander gegenüberstehen und zueinander fremd sind, kann nicht das eine Seinsursache des anderen sein; denn eine schöpferische Ursache muß das Geschaffene unter der vollen Seinsrücksicht im voraus in sich enthalten, kann ihm also nicht fremd sein. Die Ähnlichkeit im Sein zwischen den endlichen Seienden ist aber nur zu verstehen, wenn sie in ihrer Gesamtheit abhängig sind von einer einzigen Ursache, die ihnen gegenüber transzendent oder die unendlich ist. Endliches, absolutes Sein ist demnach ein Widerspruch in sich. Ein endliches Sein kann nicht absolut sein und ein absolutes nicht endlich. (135)

---

(135) vgl. Steenberghen, 156 f.

b. <u>Die Abhängigkeit des endlichen Seins in seinem Handeln</u>

Jedes endliche Sein ist Tätigkeitsprinzip. Es entfaltet sich in seiner Tätigkeit aus der Möglichkeit hin zum Sein. Es nimmt damit an der Vervollkommnung des Seins im gesamten teil. Der Mensch gibt sich nicht zufrieden damit, zu sein, was er ist. Er bewirkt fortwährend neue Akte mit dem Ziel, sich zu vervollkommnen: Atmen, Essen, Denken, Vernehmen, Sprechen usw. Bei dieser Entwicklung, die ihn bereichert, verändert er jedoch nicht seine Identität.
Es zeigt sich in seiner Tätigkeit eine Expansionskraft, die ihn befähigt, aus seiner Isolierung herauszukommen und die für ihn im gegebenen Augenblick bestehenden Grenzen zu überschreiten. Er tritt dabei zu anderen Seienden, die ihn umgeben, in Beziehung. Ohne die anderen Seienden wäre es ihm nicht möglich, seine Isolierung zu überwinden.

Das Sein des Menschen ist begrenzt durch seine eigene Natur. Der Mensch kann nur die Tätigkeiten ausüben, die ihm mit seinem Menschsein in der Möglichkeit gegeben sind; denn die Akte gehen aus dem Sein des Tätig-Seienden hervor. Die notwendige und hinreichende Bedingung für die Ermöglichung seiner Akte ist die dem Menschen mit seiner Form gegebene spezifische Grundvollkommenheit des Seins. Alle Seienden besitzen die Grundvollkommenheit des Seins, jedes nach dem Maße seiner eigenen Natur. Um über die Begrenztheit seines Wesens hinaus eine höhere Seinsstufe zu erreichen, müßte das endliche Seiende durch eine außerhalb seines Selbst liegende Ursache angehoben werden.

So zeigt auch die Betrachtung der Tätigkeit des endlichen Seins, die Tatsache, daß es sich im Handeln entfalten und mehr werden kann, daß die Abhängigkeit eine ihm wesenhafte Eigenschaft ist.
(136)

c. Das Eine

Alle endlichen Seienden zusammengenommen sind also abhängig sowohl in ihrem Sein als auch in ihrem Wirken. Ein abhängiges Seiendes setzt aber ein von ihm verschiedenes Seiendes als Ursache seines Seins voraus; also setzt auch die Gesamtheit aller abhängigen Seienden ein von ihr verschiedenes Seiendes als Ursache voraus. Damit ist die Ursache aller endlichen Seienden eine einzige, unabhängige, unendliche Ursache.(137) "... denn gäbe es mehrere unendliche Seiende, dann wären sie einander entgegengesetzt und infolgedessen endlich." (138) Dieses unendliche Sein hebt sich von nichts ab, weil es alle Wirklichkeit in sich enthält und alles andere Sein aus ihm hervorgegangen ist.(139)

---

(136) vgl. Steenberghen, 158-160
(137) analog zu Beck, Der Gott der Weisen, 60;
vgl. auch Steenberghen, 161 f., 170
(138) Steenberghen, 170 f.
(139) vgl. Steenberghen, 170

"Das unendliche Sein ist einzig. In ihm erschöpft
sich die ganze Seinsvollkommenheit. Es ist die Fülle
des Seins. Was außer ihm existiert, kann nur seine
Wirkung, eine endliche Teilhabe an seiner unendlichen
Vollkommenheit sein." (140)

d. <u>Der Schöpfer</u>

Mit dem Nachweis, daß das unendliche Sein Ursache
für die Existenz der Gesamtheit aller endlichen Seienden ist, ist auch bewiesen, daß es Schöpfer ist.

3. <u>Die Grundeigenschaften Gottes</u>

Nachdem herausgearbeitet wurde, daß das Absolute einzig,
unendlich und Ursache aller anderen Seienden ist, muß
auch seine Identität mit dem Gott der Christen in den
noch offenstehenden Punkten gezeigt werden. Das geschieht
durch Ableitung aus den Grundeigenschaften Gottes, nämlich denjenigen, die bis jetzt von dem einen, der Welt
transzendenten Sein gefunden wurden. Wir wissen, daß es
s e i e n d , a b s o l u t , u n e n d l i c h
und U r s a c h e und damit Schöpfer aller endlichen
Seienden ist. Von diesen Eigenschaften bezeichnen wir
zwei als positiv (seiend und Ursache), weil sie dem endlichen wie dem unendlichen Sein gemeinsam sind, und zwei
als negativ (absolut und unendlich).

---

(140) Steenberghen, 171

Die negativen Eigenschaften ermöglichen es uns, das höchste Sein vom endlichen zu unterscheiden. Da wir aber Eigenschaften nur mit positiven Namen belegen können, wenn sie uns aus dem Bereich des Endlichen bekannt sind, ist es uns, um Unterscheidungen zu treffen, nur möglich, zu sagen, welche Begriffe, die uns aus dem Endlichen bekannt sind, für die Erstursache nicht zutreffen können. Die negativen Eigenschaften geben uns aber nur einen minimalen Einblick in das Wesen Gottes. Indem wir mit ihrer Hilfe alle Unvollkommenheit, die endlichen Geschöpfen eigen ist, vom Unendlichen ausschließen, erhalten wir in keiner Weise eine positive Vorstellung von seinem wirklichen Wesen. Unsere Erkenntnisweise ist eine dem endlichen Seienden entsprechende und im höchsten Maße unvollkommen, um etwas Unendliches zu begreifen.

Die positiven Eigenschaften hingegen kommen dem Unendlichen nicht in gleicher Weise zu wie dem Endlichen, sondern müssen analog zu den begrenzten Vollkommenheiten, die sich im Endlichen vorfinden, von ihm ausgesagt werden. Auch sie überschreiten unsere Vorstellungskraft in unendlichem Maße.
(141)

---

(141) vgl. Steenberghen, 171-172

4. Die negativen Eigenschaften Gottes

Aus den bisher gefundenen negativen Eigenschaften, der
A b s o l u t h e i t   und der   U n e n d l i c h -
k e i t , ergeben sich weiter:

Die Unveränderlichkeit

Sie folgt aus dem Aus-Sich-Sein. Da das Absolute nicht von einer äußeren Ursache abhängt, kann es sich nicht verändern, in seiner Vollkommenheit weder zu- noch abnehmen. (142)

Die Einfachheit

Das Absolute ist nicht zusammengesetzt, denn die Zusammensetzung ist eine Eigenschaft des Endlichen, des Begrenzten. Vom Unendlichen kann man keine Teile abtrennen, wie dies bei einem körperlichen Sein möglich ist und die man sodann wieder zusammenfügen könnte zu einem Ganzen. (143)

Mit der Feststellung der Einfachheit des Unendlichen wird deutlich, daß es keine Eigenschaften in sich enthalten kann so wie endliche Seiende sie besitzen. Die Seinsgehalte, die sich im Endlichen in der Vielheit zeigen, sind im höchsten Sein nicht als Vielheit enthalten, sondern als einfache Einzigkeit. Entsprechend dieser seiner Einheit müßte das Erkennen seines Daseins und Wesens, das ja eines ist, in einem Akt erfolgen. Aber unser Erkennen ist unvollkommen

---

(142) vgl. Steenberghen, 173
(143) vgl. ebd.

und bedarf vieler Begriffe. Damit erfassen wir das Unendliche stückhaft, wenn auch jeder einzelne der gewonnenen Begriffe wahr ist. (144)

Die Geistigkeit

Aus der Einfachheit folgt die Geistigkeit. Das Absolute ist unausgedehnt, unkörperlich, weil die Ausdehnung eine Eigenschaft des Zusammengesetzten ist. Zudem ergibt sich die Geistigkeit auch aus der Unendlichkeit, weil das Körperliche als ein Ausgedehntes Grenzen hat. (145)

Die Ewigkeit

Zeitlichkeit ist Begrenztheit. Von einem Anfangspunkt an durchläuft das zeitlich Existierende eine ununterbrochene Folge von Geschehnissen bis zu seinem Endpunkt. Da das Absolute aber unveränderlich ist und mit Notwendigkeit existiert, entgeht es den Wesenszügen der zeitlichen Dauer. Es kann nicht angefangen haben, sich nicht verändern und nie aufhören zu sein. (146) "Die Dauer des Unendlichen ist unveränderliche Gegenwart, unwandelbares Bestehen ...". (147) "Gott ... ist sein sich ewig gleichbleibendes Sein selbst." (148)

---

(144) vgl. Meyer, 305
(145) vgl. Steenberghen, 174
(146) vgl. ebd.
(147) Steenberghen, 174 f.
(148) S. th., I, 1o, 2

5. Die positiven Eigenschaften Gottes

Es sind hier die Eigenschaften zu betrachten, die wir als Teilvollkommenheiten in den endlichen, geschöpflichen Dingen vorfinden und die in überragender Weise im Unendlichen, das schöpferische Ursache der begrenzten Seienden ist, enthalten sein müssen.
Die negativen Eigenschaften wurden den positiven vorangestellt, weil sie helfen, die jeweils aus dem Endlichen hervorzuhebenden positiven Eigenschaften zu korrigieren. Die ersten positiven Begriffe, die vom Unendlichen vorliegen, sind S e i n und U r s a c h e . Werden sie berichtigt durch die negativen Eigenschaften, so müssen wir sagen, daß das Unendliche

> seiend ist auf unendliche und absolute Weise, keine Veränderung erleidet, ungeteiltes Sein und
Ursache des Endlichen ist, aber nicht nach Art des Endlichen. Seiner Schöpferkraft und Bewirkungsmöglichkeit sind keine Grenzen gesetzt. Es ist unendliche, unveränderliche Ursächlichkeit, dessen Macht weder zu- noch abnehmen kann. Es ist allmächtig.

Aus dem Sein des Unendlichen lassen sich nun die sog. transzendentalen Eigenschaften, das sind diejenigen, die allen Seienden, dem Unendlichen aber in der ganzen Fülle der Vollkommenheit zukommen, ableiten. (149)

---

(149) vgl. Steenberghen, 176 f.

Unterschiedenheit

Wie alles Seiende, ist auch das Unendliche unterschieden von anderen Seienden. Es kann nicht mit einem anderen zu einer Einheit verschmolzen werden, so daß es seinen eigenen Seinsbestand verlöre. Während aber das Endliche voneinander zu unterscheiden ist durch Gegenüberstellung, ist das Unendliche vom Endlichen durch Transzendenz zu unterscheiden. (15o)

> Das Göttliche (151) enthält in seiner Schöpfermacht alle Geschöpfe im voraus, aber es setzt sie als endliche Seiende, von ihm selber vollständig unterschieden, ins Dasein. Diese souveräne Distinktheit, die dem Unendlichen eigentümlich ist, wird Transzendenz genannt, weil es eine Unterschiedenheit ist auf Grund völligen "Übersteigens" oder totaler "Überlegenheit" und nicht auf Grund einer "Begrenzung" und "Gegenüberstellung". (152)

Ungeteiltheit

Im Unendlichen besteht eine vollkommene innere Einheit von Sein und Wesen ohne jede Zusammensetzung. (153)

Ähnlichkeit

Das Unendliche ist dem von ihm verschiedenen endlichen Seienden ähnlich, weil es dessen volle Ursache ist und jedes Wirkende ein ihm Ähnliches hervorbringt. (154)

Verstehbarkeit

Wie jedes Seiende ist auch das Unendliche verstehbar, nämlich durchdringbar für einen Verstand. Es ist dies

---

(15o) vgl. Steenberghen, 178
(151) Bei Steenberghen steht "Das Menschliche"; korr.
(152) Steenberghen, 178
(153) vgl. Steenberghen, 179
(154) vgl. ebd.

sogar in hervorragender Weise, weil es nicht durch etwas anderes erklärt werden muß. Als Ursache aller anderen Seienden ist es sogar Erklärung für deren Verstehbarkeit. Die endlichen Dinge sind bis ins Letzte überhaupt nur verstehbar durch das Unendliche. Demnach ist die Erkenntnis des Unendlichen notwendig zur Vervollkommnung jeder endlichen Intelligenz. Eine vollkommene Erkenntnis der Gesamtwirklichkeit kann nur gewonnen werden, wenn die Ursache erkannt wird, die das Prinzip der Ganzheit ist. (155)

Höchstes Gut

Das Unendliche ist in unendlichem Maße gut und liebenswert, weil es diesen absoluten Wert aus sich selbst darstellt und die Quelle aller Güte und Liebenswürdigkeit ist, die wir im Endlichen finden. Es kann Ziel des vernünftigen Strebevermögens und des Willens aller endlichen Seienden sein. Vielmehr noch finden alle geschaffenen Seienden das tiefste Glück, nach dem sie streben, nur im unendlichen Seienden als ihrem höchsten Gut. (156)

6. Von der unendlichen Ursache aller Vollkommenheiten zum unendlichen Sein in Person

Beim Beweis der Unendlichkeit des Absoluten wurde gezeigt, daß die Tatsache, daß sich alle endlichen Seienden in

---

(155) vgl. Steenberghen, 179-180
(156) vgl. Steenberghen, 180

ihrem Sein selbst ähneln, nur zu verstehen ist, wenn
sie alle aus der gleichen Ursache hervorgegangen sind.
(157) Ihre Ähnlichkeit im Sein gründet in ihrer gemeinsamen Teilhabe am unendlichen Seienden, das sie als volle
Ursache im voraus enthält. Zu der gesamten Wirklichkeit
gehören aber auch alle in den Geschöpfen vorzufindenden
Vollkommenheiten. Auch sie muß die erste Ursache in hervorragender Weise im voraus enthalten, und zwar in der
Einheit von Sein und Wesen. Die Ursache muß mindestens
den gleichen Grad an Vollkommenheit haben, den die von
ihr erzielte Wirkung hat. (158)

Die meisten Vollkommenheiten kommen in der geschaffenen
Wirklichkeit nicht in reiner Form vor. Sie sind zumeist
an Körperliches, Endliches gebunden und werden deshalb
gemischte Vollkommenheiten genannt. Dazu zählt z. B. die
Farbe. Die gemischten Vollkommenheiten können wegen ihrer
Gebundenheit an Körperliches, Endliches im Unendlichen
nicht formell enthalten sein, sondern nur virtuell, der
Kraft nach; d. h. das Unendliche hat die Macht, sie zu
erschaffen. Die nur dem Endlichen verhafteten Vollkommenheiten sind diejenigen, die sich uns zeigen, wenn wir
körperliche Dinge, die uns in der äußeren Erfahrung gegeben sind, betrachten. (159)

Mit unserer Erfahrung erfassen wir aber nicht nur einen
äußeren Bereich, sondern wir kennen auch eine innere
Erfahrung, die der Begrenztheit durch Linien und Formen,

---

(157) s. o., 2. a., S. 61
(158) vgl. Steenberghen, 181-182
(159) vgl. Steenberghen, 183 f.

also durch die Ausdehnung nicht unterliegt. Der Mensch ist Person, befähigt zum geistigen Selbstbewußtsein. Er ist sich seiner eigenen Existenz bewußt, fähig zu denken, zu erkennen, zu lieben; er vermag in seinem Handeln frei zu wählen, zu entscheiden. In seinem Personsein sieht der Mensch seine größte Würde. Wenn nun auch das Personsein des Menschen seine Körperlichkeit mit umschließt, weil sie zu seiner vollständigen Speziesnatur hinzu gehört, so ist doch die Vollkommenheit der Personalität nicht wesentlich an die Körperlichkeit, also an die Endlichkeit gebunden. Die Begriffe der Person und die damit verbundenen des Bewußtseins, Denkens, Wollens, Liebens und des Genießens der Freiheit bleiben nicht nur erhalten, wenn man sie aus den endlichen Bedingungen herauslöst, sondern lassen sich dann sogar reiner und eigentlicher darstellen. Diese ungemischten Vollkommenheiten müssen in reinster Form im Unendlichen, das ja ihre Ursache ist, vorliegen. Das Unendliche hat nicht nur die Macht, diese sog. einfachen Vollkommenheiten in endlichen Lebewesen zu erschaffen; sondern es enthält sie formell, nämlich in ihrer reinsten und eigentlichsten Form im voraus. (160) "... es ist wahrhaft ein persönliches und bewußtes Sein, fähig zu denken und zu wollen, zu lieben und zu genießen, in souveräner Freiheit bei allen Initiativen seines Willens." (161) Der Schöpfer ist also Person. "Gott ist das Sein in Person." (162) Er ist ein absolutes Du für den Menschen.

---

(160) vgl. Steenberghen, 184 - 185
(161) Steenberghen, 185
(162) Beck, Der Gott der Weisen, 95

> Das ist wirklich eine großartige Schlußfolgerung,
> die den Gipfel menschlichen Denkens darstellt und
> uns erschütternde Perspektiven über unsere Beziehungen
> mit dem unendlichen Sein eröffnet.
> Man sieht, wie die traditionelle Unterscheidung
> zwischen vestigium Dei und imago Dei ihre Bestätigung
> findet. Die körperlichen Seienden besitzen
> nur gemischte Vollkommenheiten, die "Spuren" Gottes
> sind und unfähig, uns wirklich seine unendliche
> Vollkommenheit kundzutun. Die Person dagegen, eine
> einfache Vollkommenheit, ist geschaffen nach dem
> "Bild" Gottes: dadurch, daß wir die menschliche
> Person erkennen, können wir uns eine Idee von dem
> Unendlichen als dem personalen Sein machen ... (163)

Die Grundeigenschaft einer Person ist das geistige Erkennen. Sie erkennt sich selbst, hat das Bewußtsein von ihrer eigenen Existenz und die Erkenntnis der von ihr unterschiedenen Seienden. Während Selbsterkenntnis und Erkenntnis der anderen Seienden im endlichen Menschen unvollkommen sind, erkennt das Unendliche sich selbst und seine Geschöpfe auf unendlich vollkommene und immer vollkommen bleibende Weise. Wie alle anderen Eigenschaften und Fähigkeiten, so sind auch sein Denken und seine Macht mit seinem Sein völlig identisch. Deshalb ist es sich seiner Macht vollständig bewußt. (164)

Das Denken des Menschen ist eng verbunden mit seinem Strebevermögen. Das Erkennen eines Gutes geht dem Streben nach dem Gut vorauf. Wurde das Gut als ein Gut erkannt, so strebt der Mensch danach, in dessen Genuß zu kommen. Besitzt er es, so findet er Wohlgefallen an dem Besitz. Das Hinstreben zu oder Verlangen nach einem Gut und seinen Genuß nennen wir auch Liebe. "Der Genuß

---

(163) Steenberghen, 185 f.
(164) vgl. Steenberghen, 186-187

des Gutes ist also der vollkommene Akt des Willens, die vollkommene Form der Liebe ...". (165) Die Liebe ist eine einfache Vollkommenheit und muß deshalb auch dem Unendlichen zugehören.

> Es (scil.: Das Unendliche) muß als ein Seiendes verstanden werden, das sich seiner unumschränkten Liebenswürdigkeit erfreut, das im höchsten Grade die Freude des Geistes oder die Seligkeit besitzt, das seine eigene Güte liebt und daran Wohlgefallen hat. (166)

Der Wille des Unendlichen stößt im Unterschied zum Willen endlicher Personen nicht auf Grenzen. Wiederum gilt auch hier, daß Wille und Sein beim Unendlichen zusammenfallen. Der Unendliche ist sein Wille. Er will das Gute, und da er das zuhöchst Gute und Liebenswürdige, nämlich sein eigenes Sein, erkennt und Wohlgefallen daran hat, will er auch das höchst Gute. (167)

7. Vom Personsein des Unendlichen zum vorsehend-fürsorgenden Schöpfer des Universums

Es bleibt jetzt noch die Frage zu behandeln, ob das unendliche Sein, dessen Wohlgefallen auf seine eigene Liebenswürdigkeit gerichtet ist, auch seine Geschöpfe zum Gegenstand seiner Liebe haben kann. Van Steenberghen schreibt:

---

(165) Steenberghen, 188
(166) ebd.
(167) vgl. Steenberghen, 187-189

> Da der Schöpfungsakt mit dem unendlichen Sein,
> Denken und der unendlichen Liebe identisch ist,
> ist er offenbar ein Willensakt oder ebenso ein
> Akt der Liebe wie eine bewußte Tat. Wenn das Un-
> endliche ein Universum erschafft, dann darum,
> weil es sich seiner unendlichen Güte erfreut und
> sie als geeignet erkennt und wert, daß endliche
> Geschöpfe ihrer teilhaftig werden können. Schaf-
> fen wollen heißt also, sein Gutsein anderen end-
> lichen Seienden mitteilen wollen, daß sie Ge-
> schöpfe seien und daß sie gut oder liebenswürdig
> seien zur Nachahmung der unendlichen Liebenswür-
> digkeit. Der Wille zu schaffen ist ein Akt des
> Wohlwollens, eine Frucht des Wohlgefallens, das
> das Unendliche an sich selbst hat. (168)

Das Wollen des Schöpfers ist unbegrenzt und auch unbedingt. Gott gewinnt aus seiner Schöpfung keinen Vorteil. Seine Geschöpfe können ihm nichts geben, das er nicht schon besäße. Er liebt seine Geschöpfe nicht, weil sie gut sind; sondern die Geschöpfe sind gut, weil er sie schon vorher gekannt hat und liebt. Der schöpferische Akt Gottes ist ein uneigennütziger. Trotzdem kann er zum Ziel nur die Verherrlichung Gottes haben, weil die Freude am Gutsein Gottes das höchste erreichbare Gut und damit die Glückseligkeit für die geschaffenen Personen bedeutet.

Der Schöpferakt geht aus einer freien Initiative Gottes hervor. Das zeigt sich, wenn wir die Wahlfreiheit des Menschen daraufhin untersuchen, ob sie eine einfache oder gemischte Vollkommenheit ist.
Auf dem Weg unseres Strebens zu einem höchsten Gut hilft uns die Wahlfreiheit, bei Teilgütern, die unsere Aufmerksamkeit auf sich hinrichten können, nicht stehenzubleiben, sondern jedesmal zu entscheiden, ob der Besitz

---

(168) Steenberghen, 189

des einen oder des anderen wertvoller für uns ist oder
ob wir keines von ihnen benötigen. Jedoch ist im Menschen die Wahlfreiheit nicht in vollkommener Weise verwirklicht, so daß er, nur immer das höchste Gut anzielend, auf direktem Weg dorthin fortschritte. Der Mensch
hat immer auch die Möglichkeit, das Geringere oder das
Böse zu wählen, von dem er allerdings annehmen mag, daß
es das Gute sei; denn sein Erkennen ist fehlerhaft. In
ihrem Wesen ist die Wahlfreiheit jedoch Ausdruck der
Würde der Person, die befähigt ist, selbst Entscheidungen
zu treffen. Je mehr die Wahlfreiheit von jeder Entartungsmöglichkeit abgelöst wird, um so vollkommener wird sie.
Sie ist eine einfache Vollkommenheit, die formell auch
dem Schöpfer zugesprochen werden muß. Da der unendliche
Gott aber seine volle Genüge in sich selbst hat, können
die endlichen Seienden nicht Mittel und schon gar nicht
notwendige Mittel für ihn sein, ein höheres Maß an Glück
und Seligkeit zu erlangen als das, das er schon besitzt.
Gott ist in seinem Willen zu erschaffen souverän frei.
Der Schöpfungsakt erfolgte deshalb ohne jede Notwendigkeit und aus einer freien Initiative Gottes.

Da Gott für die Erschaffung der Welt keine Notwendigkeit
gegeben war und er durch die Schöpfung nichts hinzugewinnt, muß es aber für ihn einen hinreichenden Grund
für diesen Akt gegeben haben. Da sein Schaffen der Erkenntnis seiner eigenen Güte entspringt, die er für
wert hält, daß andere Geschöpfe sich ihrer erfreuen,
so kann der Grund für die Erschaffung der Welt nur in
der Erschaffung von Personen liegen, die fähig sind,

zu erkennen und zu genießen, ihn als ihr höchstes erstrebenswertes Gut zu erkennen und sich seiner Gutheit zu erfreuen. Das ganze Universum ist somit auf die geschaffenen Personen hin ausgerichtet. Nicht für Gott, sondern für die geschaffenen Personen ist die Schöpfung von wert. Jede Person ist ein Wert in sich und als Geschöpf des Schöpfers würdig. Sie ist in ihrem Wertsein Teilhabe am unendlichen Wert. Deshalb liebt der Schöpfer, wenn er die geschaffenen Personen liebt, nichts, das ihm fremd gegenüberstände. Er findet in seinen Geschöpfen sich selbst wieder.

Der Schöpfungsakt ist vernünftig und begründet. Er ist ein Akt der Weisheit des unendlichen Seins, das die unendliche Einsicht hat. Gott ordnet die Schöpfung in seiner Weisheit auf das von ihm ihr gesetzte Ziel hin. Damit aber ist die Sicherheit gegeben, daß dieses Ziel auch erreicht wird. Der Schöpfungsakt ist also ein vorsehender Akt.

> Da der Schöpfer seine Ursächlichkeit mit Einsicht, Wohlwollen und Weisheit ausübt, ist es unmöglich, daß sein Werk Lücken enthält, die seiner Unvorsichtigkeit oder seiner Unachtsamkeit zuzuschreiben wären. Es ist notwendig, daß alle geschaffenen Seienden im Universum die Möglichkeit finden können, ihrer Natur gemäß zu handeln. Das gesamte Universum muß zur Vollkommenheit der geschaffenen Personen mitwirken und diese müssen in ihrer Umgebung all das finden, was zur Erreichung ihres Zieles erforderlich ist. (169)

Das unendliche Sein, dessen Existenz mit dem metaphysischen Gottesbeweis aufgewiesen wurde, ist der vorsehendfürsorgende Schöpfer des Universums.
(17o)

---

(169) Steenberghen, 194
(17o) vgl. Steenberghen, 189-195

ZWEITER TEIL

DER MÖGLICHE SINN DES MENSCHLICHEN LEBENS BEI CAMUS UND DIE BEGRÜNDUNG DER ENTGEGENGESETZTEN ANTWORT AUS DEM CHRISTLICHEN THEISMUS

A. DER SINN DES LEBENS BEI CAMUS

I. Vorklärung

1. Bewußtwerden der Lage

Zentrales und dringlichstes Problem der Philosophie ist für Camus die Frage nach dem Sinn des Lebens, ob sich das Leben lohnt oder nicht. Sie ist es deshalb, weil die Antwort, je nachdem sie ausfällt, zu Handlungen verpflichtet. (171)
Aus der Erkenntnis des Absurden ergibt sich für den Menschen die Notwendigkeit, zu entscheiden, ob er in der Zerrissenheit, der Sinnlosigkeit des Daseins, leben kann (172);
wenn er sich entschließt zu fliehen, muß er sich
    darüber klar werden, wie er fliehen soll,
        durch die Illusion oder
        durch den Selbstmord;
wenn er beschließt zu bleiben, sind die Gründe zu finden, die
    für die Annahme der Wirklichkeit, so wie sie ist,
        sprechen oder
    für die Revolte.
(173)

---

(171) vgl. Mythos, 9
(172) vgl. Mythos, 46
(173) vgl. Mythos, 13, 3o, 46

2. Die Flucht in die Illusion

In die Illusion fliehen, sei es durch den Sprung ins Göttliche, mit Hilfe der Hoffnung auf ein ewiges Leben oder sei es, daß man nur einen Teil der Wirklichkeit des Alltags sieht und den anderen durch Attrappen zustellt, heißt, das Unabwendbare mit einer Maske verhüllen, das Absurde unterdrücken. (174) Aber Camus will das Absurde in seinem Bewußtsein behalten. Denn es ist von ihm erkannte Wahrheit. (175) Wir dürfen keine Kulissen aufstellen. Es ist notwendig, eine klare und deutliche Sprache zu sprechen, die Dinge beim richtigen Namen zu nennen. Wenn ein Mensch in der Pest ist, so ist er in der Pest. Den Zustand beschönigen, indem man vom Fieber (176) redet, führt zu Mißverständnissen, und Mißverständnisse geben dem Bösen Raum. (177) Wir können nicht deshalb, weil die Plage unser Maß übersteigt, so tun, als sei alles nur ein böser Traum. (178) Auch wenn das Leben vergeht, so ist es doch wirklich. Wir existieren, und nur dieser unserer jetzigen Existenz sind wir sicher. (179) Wir müssen unsere Lage mit den Mitteln unserer Vernunft nüchtern einschätzen, an dem festhalten, was wir für wahr erkannt haben und von dieser Wahrheit aus unser Handeln bestimmen. (180)

---

(174) vgl. Mythos, 77
(175) vgl. Mythos, 31
(176) vgl. Die Pest, 33, 55, Revolte, 230 f.
(177) vgl. Revolte, 229
(178) vgl. Die Pest, 25
(179) s. u., Abschn. II., 2., S 84 f.
(180) vgl. Mythos, 11

3. Die Flucht durch den Selbstmord

Eine andere mögliche Antwort auf die Verneinung des Lebenssinnes ist der Selbstmord. Auch ihn lehnt Camus ab. Um eine klare Entscheidung über die Berechtigung des Selbstmordes treffen zu können, müßten wir wissen, was der Tod ist. Aber nicht nur die Dinge und wir selbst sind uns fremd (181); wir haben auch vom Tod keinerlei Erfahrung und können nur von der Erfahrung beim Tod anderer sprechen (182). Hierin zeigt sich die Unmöglichkeit, die Wahrheit im vollen Umfang zu erkennen, wieder in ihrer Schärfe.

Unter den Denkern, die dem Leben einen Sinn absprachen (s. Schopenhauer), findet Camus keinen, der sich selbst das Leben genommen hätte. (183) "In der Bindung des Menschen an sein Leben gibt es etwas, das stärker ist als alles Elend der Welt. Die Entscheidung des Körpers gilt ebensoviel wie eine geistige Entscheidung, und der Körper scheut die Vernichtung." (184) Der Selbstmord bedeutet wie die Flucht durch die Hoffnung oder die Flucht in die Illusion die Preisgabe des Absurden. Denn das Absurde endet, wie wir gesehen haben (185), mit dem Tod. Der Entschluß aber, dem Absurden treu zu bleiben, zieht als Konsequenz nach sich, daß man ein Schicksal ganz auf sich nimmt. (186) "Leben heißt: das Absurde leben lassen. Das Absurde leben lassen heißt: ihm ins Auge sehen." (187) Der Selbstmord ist die Aufhebung des

---

(181) s. o., Erster Teil, Kap. A., S 1o f.
(182) vgl. Mythos, 18
(183) vgl. Mythos, 12
(184) Mythos, 12 f.
(185) s. o., Erster Teil, Kap. A, S. 13
(186) vgl. Mythos, 49
(187) Mythos, 49

Absurden. Mit ihm anerkennt der Mensch die Grenzen seiner Auflehnung wie mit dem Sprung. (188) "Ich weiß aber, daß das Absurde, um sich zu behaupten, sich nicht auflösen darf. Es entgeht dem Selbstmord in dem Maße, wie es gleichzeitig Bewußtsein und Ablehnung des Todes ist." (189)

4. Das Absurde als Lebensregel

Das Absurde hat gezeigt, daß das Dasein ohne Sinn ist. Denn "was stirbt, ist bar jedes Sinns." (190) Wenn wir von ihm ausgehend ein Prinzip für unser Handeln ableiten wollten, so könnten wir folgern, daß, da nichts einen Sinn hat und kein Wert zu bejahen ist, auch nichts von Bedeutung sei und der Mord, wenn nicht ausdrücklich erlaubt, so doch ohne Folgen bleibe, indifferent sei. Die absolute Verneinung, der Nihilismus, ermöglichte so die Vernichtung aller Menschen durch Selbstmord und Mord. Dann wäre aber auch wieder der Selbstmord erlaubt, der vorhin abgelehnt wurde. Die gleichen Gründe aber, die gegen den Selbstmord sprechen, richten sich auch gegen den Mord. Das Leben, auch als absurdes Leben, bejahen heißt, die Unmöglichkeit der absoluten Verneinung anerkennen. Das Leben des anderen läßt sich wie unser eigenes nicht leugnen. So macht das Absurde, obwohl es ein Widerspruch in sich selbst ist, den Mord nicht gleichgültig, wie man hätte schließen können, sondern nimmt ihm seine Rechtfertigung. (191) "Es ist ein Widerspruch

---

(188) vgl. Mythos, 49
(189) Mythos, 49
(190) Revolte, 84
(191) vgl. Revolte, 8-11

seinem Inhalt nach, denn es schließt die Werturteile
aus und will dennoch das Leben aufrecht erhalten, wo
doch Leben an sich schon ein Werturteil ist." (192)
"Jede Philosophie der Nicht-Bedeutung ruht auf dem Widerspruch gerade der Tatsache, die sie ausspricht. Sie verleiht damit ein Minimum von Zusammenhang dem Unzusammenhängenden, sie bringt Konsequenz in das, was, ihrer Überzeugung gemäß, keine hat. Reden renkt wieder ein. Die einzige widerspruchslose Haltung, gründend auf der Bedeutungsleugnung, wäre das Schweigen, wenn es nicht seinerseits etwas bedeutete." (193) Das Absurde kann Camus
deshalb als Lebensregel nicht annehmen.

5. Der Ansatz für die Revolte

Aber das Gefühl des Absurden und der Nihilismus sind
Ausgangspunkte für Camus' weiteres Denken. Wir müssen
danach das Absurde im Auge behalten, können aber nicht
alles negieren. In Abwandlung des Wortes von Descartes,
daß er an allem zweifeln könne, nur nicht an der Tatsache, daß er es sei, der zweifelt, so sagt jetzt Camus:
"Ich rufe, daß ich an nichts glaube und daß alles absurd
ist, aber ich kann an meinem Ausruf nicht zweifeln, und
zum mindesten muß ich an meinen Protest glauben." (194)
So ist die Revolte für Camus die erste und einzige Gewißheit, die ihm in der absurden Erfahrung gegeben ist.
(195)

---

(192) Revolte, 11
(193) ebd.
(194) Revolte, 13
(195) vgl. Revolte, 12-13

II. Der Sinn der Revolte und die Freiheit

1. Auflehnung

Die Revolte ist die Antwort des Menschen auf das Schweigen Gottes. Der Revoltierende befindet sich in ständiger Auflehnung gegen die Sinnlosigkeit seines Lebens und den Tod. Er weigert sich, das zu sein, was er ist. (196) Diese Auflehnung ist metaphysisch; denn sie bestreitet die Ziele des Menschen und die der Schöpfung. (197)

In der Erfahrung des Absurden wird der Mensch sich seines unstillbaren Verlangens nach einer glücklichen Einheit bewußt, dem er in der Revolte Ausdruck verleiht. Damit, daß er gegen den Tod protestiert, fordert er das Leben ohne den Tod, d. h. Dauerhaftigkeit. Er fordert das Ganze, alles, stellt sein Verlangen nach Gerechtigkeit dem Prinzip der Ungerechtigkeit gegenüber, das er in der Welt am Werk sieht. Nicht das Leiden der Kinder an sich löst die Revolte aus, sondern die Tatsache, daß es ungerechtfertigt ist. In den Augen des Rebellen fehlt das Erklärungsprinzip. (198)

2. Bewußtwerden der eigenen Existenz

In der Revolte wird der Mensch sich seiner Existenz bewußt, ist er ständig bei sich anwesend. (199) Wie

---

(196) vgl. Revolte, 13
(197) vgl. Revolte, 22
(198) vgl. Revolte, 13, 83-84
(199) vgl. Mythos, 49

Descartes im "Ich denke; also bin ich" die Gewißheit seiner Existenz fand, so formuliert Camus für den sich erhebenden Sklaven: "Ich empöre mich, also sind wir." (200) Und für den metaphysisch Revoltierenden fügt er hinzu: "Wir sind allein" (201), nämlich ohne Gott.

3. Sinngebung

Durch die Auflehnung und den Kampf gegen Leid und Tod und gegen das Böse gibt der Mensch seinem Leben dann selbst einen Wert, und er verleiht sich selbst seine Würde dadurch, daß er in einer als aussichtslos erachteten Situation aushält. Um den Wert seines Lebens zu erhalten, muß er sich der ganzen Schwere dieses Lebens immer bewußt bleiben. (202) "Es geht darum, unversöhnt und nicht aus freiem Willen zu sterben." (203)

4. Wertvorstellung

Da der Mensch gegen eine ihn beschränkende Macht revoltiert, deren Einwirken er als unerträglich empfindet, wird deutlich, daß er in sich die Vorstellung von einem Recht hat, daß er ein Recht zu haben glaubt auf etwas. Er protestiert gegen den Tod und gibt damit kund, daß er seinem Leben einen Wert beimißt. Er fordert die Einheit und Klarheit, weil er auch mit diesen Ideen jeweils die

---

(200) Revolte, 21
(201) Revolte, 203
(202) vgl. Mythos, 50
(203) Mythos, 50

Vorstellung eines Gutes verbindet. Wenn gar der Revoltierende für ein Recht mit dem Einsatz seines Lebens kämpft, beweist er, daß ihm dieses Recht ein höheres Gut und ein weitreichenderer Wert darzustellen scheint als sein Leben. Er fühlt, daß er die Vorstellung dieses Wertes mit anderen Menschen teilt. Die Handlung des Menschen ist nach Camus auf einen Wert hin gerichtet. Der Wert liegt der Handlung voraus. In der Tatsache der gemeinsamen Wertvorstellung aller Menschen sieht Camus den Hinweis auf eine menschliche Natur. (2o4)

5. Revolution und Freiheit

Wenn die Revolte aber ihre Ursprünge vergißt, wenn sie sich nicht mehr bewußt ist, daß sie nicht alles leugnen kann, gerät sie in Gefahr, sich selbst zu verleugnen. Das geschieht in der geschichtlichen Revolution, die das Alles-oder-Nichts fordert. Die Revolution ist das Verlangen nach Totalität. (2o5) Im Unterschied zur Revolte, die von der Erfahrung des einzelnen Menschen zur Idee führt, geht die Revolution von der Idee aus und will die Welt nach ihr umformen. (2o6) Dafür hält sie es für notwendig, die Ungleichheit auszuschalten. Sie maßt sich das Recht an, zu urteilen und zu töten, wobei sie vorgibt, im Namen der Gerechtigkeit zu handeln, die an der Grenze der Zeiten offenbar werden soll. (2o7) Der Revolu-

---

(2o4) vgl. Revolte, 14-16, 2o
(2o5) vgl. Revolte, 2o4
(2o6) vgl. Revolte, 87-88
(2o7) vgl. Revolte, 87 ff. 2oo, 2o3-2o4

tionär liebt den zukünftigen Menschen. (2o8) Er maßt
sich an, Gott zu sein. (2o9) Er handelt nach dem Prinzip der geschichtlichen Wirksamkeit und nach dem Grundsatz, daß das Ziel die Mittel heilige und bringt grenzenlose Knechtschaft. (21o)

Die Revolution fordert eine totale Gerechtigkeit und
absolute Freiheit und verwirft jede Grenze. Aber die
äußerste Freiheit eines Individuums, nämlich die des
Tötens, ist nicht zu verwirklichen ohne das Prinzip der
Gerechtigkeit zu verletzen, bringt also die anderen in
die Sklaverei oder in den Tod. Die totale Gerechtigkeit
unterbindet die Möglichkeit personaler Freiheit. Beide
sind also mit den Grundforderungen der Revolte nicht
zu vereinbaren. (211)

> Er (scil.: Der Revoltierende) demütigt niemanden.
> Die Freiheit,die er fordert, fordert er für alle;
> diejenige, die er ablehnt, verbietet er allen. ...
> Im Namen eines anderen Wertes versichert er die
> Unmöglichkeit der totalen Freiheit, während er zugleich für sich die relative Freiheit verlangt,
> die notwendig ist zur Feststellung dieser Unmöglichkeit. Jede menschliche Freiheit ist an ihrem
> Ursprung relative Freiheit. (212)

6. Das Relative, die Anerkennung der Grenzen

Wenn die Revolte eine Revolution will, so nicht gegen
das Leben, auch nicht gegen das des anderen, sondern

(2o8) vgl. Revolte, 8o
(2o9) vgl. Revolte, 2oo
(21o) vgl. Revolte, 237-238
(211) vgl. Revolte, 23o-238
(212) Revolte, 23o

nur zugunsten des Lebens. (213) Sie bleibt den Ursprüngen ihres Denkens treu. Sie ist angetreten, weil sie das Bewußtsein eines Rechtes hatte gegenüber einer Macht, deren Einwirken sie als unerträglich empfand. Die Idee des Rechtes schloß also das Bewußtsein von Grenzen ein. Sie empfand, daß derjenige, der eine Macht ausübt, eine bestimmte Grenze nicht überschreiten darf. Diese Grenze liegt da, wo das Recht eines anderen in unerträglichem Maße eingeschränkt wird. (214) Die Revolte ist also die Anerkennung dieser Grenze. (215) Wenn in der Revolte jede Tat, die diese Grenze überschreitet, sich selbst verneint, gibt es in ihrem Denken ein Maß der Dinge und des Menschen. Die Revolte ist zwar ein fortgesetztes Pendeln, aber um einen Angelpunkt herum, der die Bewegung begrenzt, ihr Maß und Harmonie verleiht. Das Gesetz des Maßes gilt für alle Gegensätze des revoltierenden Denkens. (216)

> Weder ist das Wirkliche voll und ganz rational noch das Rationale voll und ganz wirklich. ...
> Man kann nicht sagen, nichts habe einen Sinn, da man damit einen Wert bekräftigt, dem ein Urteil Geltung verleiht, aber auch nicht, alles habe einen Sinn, denn das Wort 'alles' hat keine Bedeutung für uns. ... Auf gleiche Weise kann man nicht sagen, das Sein sei nur auf der Stufe des Wesens. Wo soll man das Wesen erfassen, wenn nicht auf der Stufe der Existenz und des Werdens? Allein, man kann nicht sagen, das Sein sei nur Existenz. Was immer wird, kann nicht sein, ein Anfang ist nötig. Das Sein kann sich nur im Werden erfahren, das Werden ist nichts ohne das Sein. (217)

Unter Beachtung des Relativen gewinnen wir auch Klarheit über die moralischen Antinomien. Auch die Tugend

---

(213) vgl. Revolte, 204, 227 f.
(214) vgl. Revolte, 14
(215) vgl. Revolte, 203
(216) vgl. Revolte, 238-239
(217) Revolte, 239 f.

und das Wirkliche begrenzen sich gegenseitig. "Die Tugend kann sich vom Wirklichen nicht trennen, ohne ein Prinzip des Bösen zu werden." (218) Wir leben in der Gemeinschaft. Jeder braucht den anderen. (219) Aus der Bejahung der Grenzen und der Würde des Menschen folgt nur die Notwendigkeit, die den Menschen gemeinsamen Werte, wie die Schönheit, unter Beibehaltung der Ursprünge der Revolte auf alle auszudehnen. Die Revolte wird immer auf dem Weg bleiben in Richtung auf die Einheit. (220) Der Revoltierende sucht die Einheit als Harmonie der Gegensätze. Er ist maßvoll und zeigt Respekt vor dem anderen. Aus dieser Haltung erwächst ihm ein Prinzip für sein ethisches Handeln:

> ... statt zu töten und zu sterben, um das Sein hervorzubringen, das wir nicht sind, müssen wir leben und leben lassen, um zu schaffen, was wir sind. (221)

7. Weltherstellerin

Die Revolte ist schöpferisch. (222) Sie ist angetreten, weil sie mit der Welt, wie sie ist, nicht einverstanden war. Da Gott schwieg, setzte sie ihn ab und beginnt nun, selbst zu handeln, die Welt neu zu gestalten. Sie will die Welt mit ihren Kräften herstellen. Dabei geht sie wie der Künstler vom Wirklichen aus. Um neu zu schaffen, kann sie nicht alles verwerfen. Sie muß auswählen. Sie ist also Zurückweisung und gleichzeitig Anerkennung. Sie

---

(218) Revolte, 240
(219) vgl. Revolte, 240
(220) vgl. Revolte, 204
(221) Revolte, 204
(222) vgl. Revolte, 204

bejaht die Welt, weil sie ihre Schönheit liebt. Der Revoltierende will der Welt nicht entfliehen, sondern sie, ihre Schönheit, ihr Sein, immer mehr besitzen. Das Absurde hat dem Menschen gezeigt, daß er keinen Grund zur Hoffnung hat. Aber wenn auch sein Leben und die Dinge keinen Sinn haben, so gibt doch die Revolte dem Menschen die Voraussetzung, den Sinn selbst zu schaffen und in der Sinnlosigkeit eine Hoffnung zu errichten. (223)

8. <u>Sisyphos-Arbeit</u>

Obwohl er sieht, daß das Tun des Menschen zum Scheitern verurteilt ist, ruft Camus den Menschen auf, zu handeln, den Kampf gegen das Böse selbst aufzunehmen. Wie Sisyphos sich immer wieder abmüht, den Stein auf die Höhe des Berges zu wälzen und dieser jedesmal von der Spitze des Berges wieder hinabrollt, so wird auch unser Kampf gegen das Böse und das Leid ohne Erfolg bleiben. Dennoch dürfen wir nicht aufgeben, sondern müssen immer wieder von neuem beginnen. Das Schicksal begrenzt Sisyphos, drückt ihn in die Absurdität. Aber in dem Augenblick, da er zu seinem Fels zurückkehrt, ist er seinem Schicksal überlegen. Unser Schicksal ist tragisch, weil wir uns seiner Absurdität bewußt sind. Die Kraft, die Mühsal zu ertragen, erwächst Sisyphos aus seinem Haß gegen den Tod und aus seiner Liebe zum Leben. Er betrachtet dieses Schicksal als das seine. Seine Mühe gehört ihm, und er weiß, daß sie erst mit dem Tod endet. Der ständige und vergebliche

---

(223) vgl. Revolte, 2o5 - 211

Kampf gegen das Böse, die Lüge und das Leid gibt unserem
Leben Sinn. Er allein vermag unser Herz auszufüllen. (224)

III. Die Freiheit und die Bedeutung des Jetzt

Über der Frage nach der Freiheit des Menschen steht für
Camus die nach dem Bösen. Beide sieht er in Verbindung mit
dem Gottesproblem. (225) Für ihn lautet die Alternative:
"... entweder sind wir nicht frei, und der allmächtige Gott
ist für das Böse verantwortlich. Oder wir sind frei und
verantwortlich, aber Gott ist nicht allmächtig." (226)

Aber ewige Wahrheiten übersteigen für Camus unsere Erfahrung. Ihn interessiert deshalb nur die jetzt zu erkennende
Freiheit "des Geistes und des Handelns" (227). Das Absurde,
das die Hoffnung auf das ewige Leben zunichte macht, gibt
nach Camus' Meinung dem Menschen eine größere Freiheit im
jetzigen Leben wieder. Durch den Verlust der Zukunft erhält er mehr Verfügungsrecht im Jetzt. Da der Mensch erkennt, daß sein Leben keinen Sinn hat, sind ihm die Schranken genommen, die es vorher einzwängten. Er kann deshalb
beginnen, sein Leben im Jetzt selbst aufzubauen, ohne auf
eine Zukunft hin planen zu müssen oder durch die Hoffnung
auf sie in seinem Handeln eingeengt zu werden. Da Gott
nicht existiert, bestehen keine ewigen Werte, und der Mensch
ist unschuldig. Aber der Mensch ist frei, im Jetzt zu han-

---

(224) vgl. Mythos, 98-101
(225) vgl. Mythos, 51
(226) Mythos, 51
(227) ebd.

deln; deshalb trägt er Verantwortung für sein jetziges Tun.
(228)

Der absurde Mensch lebt nur noch dem Jetzt. Er ist deshalb
selbst sein eigenes und einziges Ziel. (229) Er verlangt,
das Leben im Jetzt auszuschöpfen, so lange wie möglich zu
leben. (230) Seine Aufgabe ist es, in dieser Zeit seines
jetzigen Lebens an der Verbesserung der vorhandenen Welt
zu arbeiten, den Schmerz und die Ungerechtigkeit mengen-
mäßig zu mindern, soweit er kann. (231) Camus, der pessi-
mistisch ist im Hinblick auf das Los des Menschen, ist opti-
mistisch in bezug auf den Menschen selbst (232), auf sein
Streben, an den positiven Werten, die er zusammen mit seinen
Mitmenschen als Gut betrachtet, alle lebenden Menschen
Anteil haben zu lassen, seine Kraft an sie auszuteilen,
in der Gewißheit, keinen ewigen Lohn dafür zu empfangen.
(233) Der absurde Mensch versucht, täglich gerecht zu sein.
Den Christen wirft Camus vor, die tägliche Gerechtigkeit
vergessen zu haben über der Hoffnung auf ein ungewisses,
verheißenes Land. (234)

IV. Die Forderung nach einer neuen Gerechtigkeit als Solidarität

Von der Bewegung der Revolte ausgehend fühlt der absurde
Mensch sich seinen Mitmenschen verbunden. Im Dialog beschen-

---

(228) vgl. Mythos, 48-54
(229) vgl. Mythos, 75
(230) vgl. Mythos, 54
(231) vgl. Revolte, 245
(232) vgl. Wolf-Dieter Marsch, _Philosophie im Schatten Gottes_, Gütersloh 1973, 75.
Das dort aufgeführte Zitat ist entnommen aus:
A. Camus, _Fragen der Zeit_, Hamburg 1960, 73
(233) vgl. Revolte, 246
(234) vgl. Revolte, 247

ken sich zwei Menschen gegenseitig. Um aber dem anderen
etwas zu geben und gleichzeitig von ihm beschenkt zu werden, ist es nötig, daß der Dialog zwischen Wesen stattfindet, die auf gleicher Stufe stehen. Camus sagt: "... man
kann nicht mit einem geknechteten Wesen sprechen." (235)
Der eine muß sich mit dem anderen identifizieren. (236)
Das gleiche absurde Schicksal ist das Band zwischen den
Menschen. Der Kampf gegen den Tod und die Ungerechtigkeit
ist der Kampf um Leben und Gerechtigkeit für alle. Denn
das Übel trifft alle Menschen. (237) Es ist empörend für
alle. So ist die Ungerechtigkeit nicht nur empörend für
den unmittelbar darunter Leidenden, sondern auch für den,
der seinen Bruder im Elend sieht. Deshalb bricht die Revolte
nicht notwendigerweise nur im Unterdrückten selbst aus,
sondern kann von einem Menschen ausgehen, der von der Ungerechtigkeit, die den anderen trifft, weiß, darüber unterrichtet ist. (238) Beispiele für solche Fälle finden sich
in der Geschichte. "In der Revolte übersteigert sich der
Mensch im andern, von diesem Gesichtspunkt aus ist die
menschliche Solidarität eine metaphysische." (239)
Der Mensch wird sich in der Revolte bewußt, daß das Übel,
das zum Anlaß seiner Erhebung wurde, Grund für die Auflehnung aller ist, daß die Rechte, die er fordert, jeder andere
Mensch für sich in Anspruch nimmt. Damit aber weiß er, daß
er eine Wertvorstellung mit seinen Mitmenschen teilt. Er
wird sich bewußt, kollektiver Natur zu sein. Sein Bewußtsein wird in der Revolte erweitert. (240)

---

(235) Revolte, 229
(236) vgl. Revolte, 17
(237) vgl. Die Pest, 53
(238) vgl. Die Pest, 123, Revolte, 16, 20
(239) Revolte, 17
(240) vgl. Revolte, 20-21

> Als sie der Unterdrückung eine Grenze steckte,
> jenseits welcher die allen Menschen gemeinsame
> Würde beginnt, bestimmte die Revolte einen ersten Wert. Sie setzte an die erste Stelle eine
> durchsichtige Komplicenschaft der Menschen untereinander, ein gemeinsames Band, die Solidarität der Kette, die die Menschen einander ähnlich macht und verbündet. (241)

So gilt auch die Kontraposition des Satzes: "Ich empöre mich, also sind wir. (242)", nämlich: "Wenn wir nicht sind, bin ich nicht ..." (243). Denn das Recht aller ist auch das Recht des einzelnen. Da alle ein Recht auf Leben haben, kann ich das Leben für mich fordern. Es muß dem einzelnen also daran liegen, die Gerechtigkeit für alle zu verlangen, weil sie dann auch Gerechtigkeit wird für ihn. Es genügt, daß ein einziges Wesen aus der Gemeinschaft der am Recht auf ein Gut Teilhabenden ausgeschlossen wird, daß alle das Recht auf dieses Gut verlieren. Wenn ein einziger Mensch aus der Gemeinschaft der Lebenden ausgeschlossen wird, sind alle ohne Recht auf Leben. Deshalb spricht derjenige, der tötet, das Todesurteil über sein eigenes Leben aus. (244) "Der Revoltierende kann sich nur ... mit der mörderischen Tat versöhnen ... durch die Hinnahme seines eigenen Tods. Er tötet und stirbt, damit es ersichtlich werde, daß der Mord unmöglich ist." (245)

V. <u>Ethisches Ideal: Heiligkeit ohne Gott</u>

Aus der Solidarität aller Menschen und dem Anspruch aller auf Glück folgt für jeden Menschen die Notwendigkeit, da-

---

(241) Revolte, 227
(242) Revolte, 21
(243) Revolte, 228
(244) vgl. Revolte, 227 - 228
(245) Revolte, 228

nach zu streben, die Teilhabe am Glück auch allen anderen Menschen zu erkämpfen. Deshalb sagt Rambert in dem Roman <u>Die Pest</u>:"... man kann sich schämen, allein glücklich zu sein." (246) Obwohl der einzelne Anspruch hat auf sein eigenes Glück und es nichts gibt auf der Welt, das wert ist, "... daß man sich von dem abwendet, was man liebt ..." (247), bekennt sich Camus zu einer Ethik der Revolte. Die Grundgedanken gehen aus einem Gespräch hervor, das Tarrou und Dr. Rieux in dem Roman <u>Die Pest</u> miteinander führen:

> "Eigentlich", sagte Tarrou schlicht, "möchte ich gerne wissen, wie man ein Heiliger wird."
> "Aber Sie glauben ja nicht an Gott."
> "Eben. Kann man ohne Gott ein Heiliger sein, das ist das einzig wirkliche Problem, das ich heute kenne."
> (248)

Der Heilige ohne Gott ist der, der ohne Hoffnung auf ein ewiges Heil dem Bösen Grenzen zu setzen trachtet, der sich nicht scheut, täglich den Kampf mit der Pest aufzunehmen, gegen Lüge, Ungerechtigkeit und Elend zu kämpfen und bereit ist, auf der Seite der Geknechteten, der Opfer zu stehen, wenn er nur so vermeiden kann, Geißel zu werden. (249) Dafür muß er auch den Tod auf sich nehmen. Der Heilige, der nicht an Gott glaubt, müht sich für nichts. Er bleibt nicht nur ohne Lohn, sondern auch letzten Endes ohne dauerhaften Erfolg. (250)

Die Pest ist in allen Menschen. Jeder muß ständig auf der Hut sein, daß sie nicht plötzlich in ihm selbst als Krank-

---

(246) Die Pest, 123
(247) ebd.
(248) Die Pest, 151
(249) vgl. Die Pest, 150
(250) vgl. Mythos, 95

heit ausbricht und er den Bazillus auf die Mitmenschen
überträgt. (252) Dazu gehört die Ehrlichkeit der Selbstprüfung und die Ehrlichkeit, in sich selbst die aufgestellten Grundsätze mit den Handlungen in Übereinstimmung zu
halten. (253) Dazu bedarf es also der ständigen Anstrengung des Geistes und der Tat.

---

(252) vgl. Die Pest, 149 f.
(253) vgl. Die Pest, 98

B. DER SINN DES LEBENS VOM STANDORT DES CHRISTLICHEN THEISMUS

I. Entscheidung für Gott

Der Sinn des menschlichen Lebens aus der Sicht der christlichen Philosophie läßt sich im Anschluß an den im ersten Teil dieser Arbeit vorgestellten metaphysischen Gottesbeweis entwickeln.

Der Mensch steht an der Spitze der geschaffen Naturwesen auf der Erde. Er trägt die Strukturen des untermenschlichen Seins, des vegetativen und des sinnlichen in sich. Zudem besitzt er die Geistseele, die ihn zum vernunftbegabten Lebewesen macht. Als vernunftbegabtes Lebewesen ist er Person und damit Selbstzweck. (254)

Er ist auf Gott hin erschaffen und ausgerichtet. Sein Ziel und damit der Sinn seines Lebens liegt in Gott, der ihn dazu erschaffen hat, daß er bei ihm die letzte Erfüllung in seinem Suchen nach Glück findet und sich mit Gott der unendlichen Güte und Liebenswürdigkeit Gottes erfreut. Von Gott her erhält das Dasein des Menschen also seinen Sinn.

Nun ist aber der Mensch in seinem jetzigen Dasein von dem Ziel seiner Sehnsucht weit entfernt. Er unterliegt der Zeitlichkeit. In der Zeit geht er aus dem Nichts hervor; er wächst, entwickelt seine geistigen Fähigkeiten, die Fä-

---

(254) vgl. Meyer 268 f.

higkeit, zu erkennen und zu lieben. (255) Er ist befähigt zur Welt- und zur Selbsterkenntnis und vermag seine Aufgabe in der Welt zu sehen und zu erfüllen (256), die nach der christlichen Offenbarung heißt, dem Gesetz Gottes treu zu bleiben. Das Gesetz Gottes aber verlangt das Tun des Guten. Das Tun des Guten ist dem Menschen möglich, weil er erkennen kann, was gut und was böse ist.

Der Mensch soll sich frei für das Gute, d. h. für Gott entscheiden. Gott hat ihm einen freien Willen geschenkt, die Möglichkeit gegeben, in seinem Handeln frei zu wählen zwischen gut und böse. Nun ist diese Entscheidung aber nicht eine einmalige Tat. Vielmehr trifft der Mensch die Entscheidung in der Zeit, d. h. auf einem Weg zu Gott in jedem Augenblick immer wieder neu.

Von einem Ort zu einem entfernt liegenden führen möglicherweise viele Wege, solche, die geradlinig auf das Ziel zugehen und Umwege.

Umwege erscheinen oft als die leichteren. Dabei kann der Mensch sich aber täuschen und von seinem Ziel weiter abkommen, es sogar aus dem Auge verlieren und in die Irre gehen. Auf dem direkten Weg liegen vielleicht Hindernisse, die er zu bewältigen sich nicht für fähig hält, und so mag es sein, daß er sogar darauf verzichtet, das eigentliche Ziel zu erreichen und sein Begehren auf andere Dinge richtet, die er am Weg findet und die ihn anziehen. Möglicherweise redet er sich dann ein, daß sie das höchst erstrebenswerte

---

(255) vgl. Meyer, 269-270
(256) vgl. Meyer, 268

Gut für ihn darstellen, und er verschließt seine Augen
vor dem Höheren und Schöneren.

Aber im Grunde seiner Seele ist dem Menschen das Verlangen nach dem höchsten Gut eingegeben. An jedem Punkt seines Weges kann er sich von den weniger wertvollen Gütern abwenden und sich wieder neu auf das eigentliche Ziel hin orientieren.

Der Weg des Menschen ist seine Geschichte, die nach der christlichen Glaubenslehre Heilsgeschichte ist. Wenn der Mensch irrte, sich von Gott abwandte, kann er aus diesem Zustand wieder genesen, den Weg zu Gott und damit das rechte Verhältnis zu Gott, zu seinem Mitmenschen und zu sich selbst wiederfinden, das ihm durch die Abkehr von Gott, durch die Sünde, verlorenging.

II. Erklärung des Übels

1. Das Nicht-Sein des Übels

Für die christliche Philosophie ist das Böse oder das Übel ein Nicht-Sein. Es kann demnach ein Prinzip des Bösen, das dem guten Gott gegenübersteht, nicht geben. Denn ein Nicht-Seiendes ist nicht.

Alle Seienden sind von Gott geschaffen und somit gut, insofern sie Sein sind. Die Substanz des geschaffenen Seienden ist gut. Denn sie stammt von Gott. (257) Mit dem Bösen oder dem Übel ist das Sein gemeint, das ein

---

(257) vgl. Steenberghen, 213

Wesen aufgrund seiner Natur haben müßte, deren Seinsmöglichkeit es aber nicht voll ausgeschöpft hat. (258/259) So fehlt ihm positives Sein. Der Mangel an Sein rührt her von einer unterbliebenen oder fehlgelaufenen Aktivität. (260)

2. Das physische Übel

Es gibt physische Übel, für die der Mensch nicht verantwortlich ist. Sie bedeuten ein Nichtsein der Substanz eines Dinges. (261) Durch das Nicht-Sein einer Vollkommenheit, die ein Seiendes aufgrund seiner Natur haben müßte (z. B. der Flugfähigkeit oder der Sehkraft beim Adler) wird dieses Seiende an seiner vollen Verwirklichung gehindert. (262)

Physische Übel rühren her aus einer fehlenden Harmonie zwischen der Aktivität einzelner Körper und aus der Passivität, die eine Wesenseigenschaft der Materie ist. Die Materie ist in ihrer reinen Form nämlich reine Möglichkeit. Sie ist fähig, jede Wirksamkeit zu erleiden, aufzunehmen, sich entsprechend irgendeiner Form gestalten zu lassen. Die reine Materie ist das von der gött-

---

(258) vgl. Sertillanges, 404
(259) Das metaphysische Übel im Sinne Leibniz' fällt nicht unter diese Definition des Bösen. Denn mit dem metaphysischen Übel ist nicht ein Sein gemeint, das ein Ding seiner Natur nach haben müßte; sondern es drückt die Begrenztheit der endlichen Seienden in ihrem Wesen im Hinblick auf die Vollkommenheit Gottes aus.
vgl. Beck, Deutung des Bösen, 137
(260) vgl. Steenberghen, 213
(261) vgl. Sertillanges, 408
(262) vgl. Beck, Deutung des Bösen, 137

lichen Vollkommenheit am weitesten entfernte Seiende.
Die Aktivität eines Körpers, der schon geformte Materie
ist, kann mit der eines anderen in Konflikt geraten
und so eine mehr oder weniger große Unordnung hervor-
rufen oder gar zur Zerstörung eines anderen Körpers
führen. Beispiele dafür sind Erdbeben, Überschwemmung,
Vernichtung der Ernte durch Unwetter oder Schädlinge
usw. (263)

3. Das Böse

Dem physischen Übel gegenüber steht das moralische
Übel oder das Böse. Das moralische Übel ist möglich
geworden durch die Setzung des freien Willens des vernunftbegabten Menschen. Es gründet in der freien willentlichen Entscheidung einer Person gegen das sittlich Gute, wobei der Mensch selbst die Motive seines
Handelns bestimmt. Der Mensch, der das Böse will und
tut, stellt sich gegen das göttliche Gesetz. Der Ursprung des Bösen liegt also auf geistigem Gebiet. Der
willentlichen Entscheidung folgt dann die Tat, die
sich in der Wiederholung zur Gewohnheit festigen kann.
So ist das moralische Übel eine von einer Person in
freier und bewußter Entscheidung gewollte Unordnung,
die im Grenzfall aus reiner Bosheit gegen ihren Schöpfer geschieht. (264)

---

(263) vgl. Steenberghen, 213, 215
(264) vgl. Steenberghen, 214

Gott will nicht das Böse, sondern die sittlich gute
Entscheidung des Menschen aus freier Wahl. Denn in der
freien Entscheidung für das Gute liegt eine Verherrlichung des höchsten Gutes, nämlich Gottes. "Die Möglichkeit eines freien Ja zum Guten ist nämlich von so hohem
Wert, daß die mit ihr notwendig gegebene Möglichkeit
eines freien Nein, d. h. des Bösen, dafür 'in Kauf' zu
nehmen ist."(265) Gott duldet das Böse, weil er dem
Menschen die Möglichkeit zur Umkehr, zur Rückwendung
zum Guten offenhält und weil er weiß, daß er in seiner
Allmacht auch aus Bösem noch Gutes entstehen lassen
kann (266).

4. Der Schmerz

Es ergibt sich die Frage nach dem Schmerz, ob nicht das
Leiden doch die Positivität des Übels, nämlich die
Existenz eines dem Guten entgegengesetzten Prinzips
beweist, wie dies z. B. schon Empedokles und Pythagoras
sahen. (267) Zur Klärung dieses Problems sollen die
Begriffspaare

    Glückseligkeit - Unglück,
    Lust   - Schmerz,
    Besitz   - Mangel

näher betrachtet werden.

---

(265) Beck, Deutung des Bösen, 141
(266) vgl. S. th., I, 2,3 ad 1 u.o.Erst.Teil, Kap.B, 26 f.
(267) vgl. Sertillanges, 402

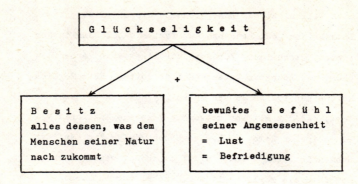

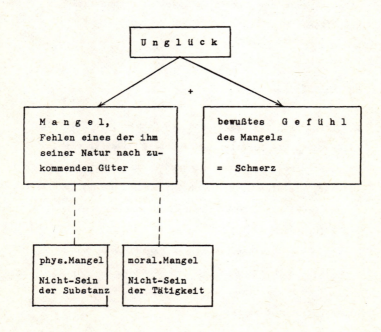

Glückselig wird der Mensch sein, wenn er alles besitzt,
was zur Vollkommenheit seiner Natur gehört und wenn er
dazu das bewußte Gefühl dieser Vollendung hat.
Entsprechend verhält es sich mit den Begriffen, die das
Negative ausdrücken. Unglücklich ist der Mensch, wenn
ihm ein Gut, das ihm seinem Wesen nach zukommt, fehlt
und wenn er diesen Mangel bewußt fühlt.
Das Gefühl der Vollendung oder Angemessenheit nennen
wir Lust oder Befriedigung, das Gefühl des Mangels
Schmerz. Also ist nicht der Schmerz das Übel; sondern
das Übel ist der Mangel an Sein, und der Schmerz ist
das Empfinden des Mangels.(268) "Der Schmerz haftet dem Wesen, das Mangel leidet, an, aber nicht dem Mangel selber,
der nichts zu 'tragen' vermag. Der Schmerz ist ein psy-
chologischer Zustand, also ein Zustand des Ich ...".(269)

Andererseits erstrebt der Mensch das Gefühl des Ange-
messenseins wie ein Gut. Er strebt nach dem Gut, damit
er das Gefühl des Angemessenen genießt. (270)
In diesem Rahmen hat auch der Schmerz seine Bedeutung
für die bewußt empfindende Person. Trotz des vorher
Gesagten kann er ein Übel sein, insofern er das Bewußtsein der leidenden Person zu trüben, sie an der Ausübung
wichtiger, für ihren Bestand notwendiger Handlungen zu
hindern vermag. (271)
Aber eigentlich ist der Schmerz ein Signal, das den
Menschen auf die Unordnung seines Seinsbestandes, auf

---

(268) vgl. Sertillanges, 406
(269) Sertillanges, 407
(27o) vgl. Sertillanges, 407
(271) vgl. Steenberghen, 217

seinen Mangel an Sein hinweist. Ein Signal aber soll
eine Reaktion auslösen. (272) Es soll dem Menschen ein-
prägen, daß er nach dem Gut suchen muß, das ihm fehlt.
Entweder kann er das Fehlende selbst erwerben durch
seine Tätigkeit, oder er muß denjenigen suchen, der ihm
die letzte Erfüllung zu schenken vermag.

Den Charakter eines bloßen Übels hätte der Schmerz nur
in einer Welt, in der keine weitere Vollendung mehr möglich wäre, in einer Welt also, in der kein Ziel mehr
durch irgendein Mittel erreicht werden könnte, in dem
feste Standorte erreicht wären, die nicht mehr zu überschreiten wären. In einer solchen Welt müßte das Gefühl
des Mangels ein Schmerz ohne Linderungsmöglichkeit sein
und damit eine Strafe ohne Ende. (273)

Wegen der Verknüpfung des Schmerzes mit dem Bewußtsein
einer Person spricht die christliche Philosophie auch
den Tieren die Möglichkeit, zu leiden oder Schmerz zu
empfinden ab. Anerkannt wird, daß "... das instinktive
Verhalten der Tiere eine sehr interessante und ...
geheimnisvolle psychische Struktur ..." (274) aufweist.
Aber ihnen fehlt das Bewußtsein ihrer selbst, und
"... ein 'unbewußtes Leiden' ist ein Widerspruch im
Begriff." (275)

---

(272) vgl. Sertillanges, 407
(273) vgl. ebd.
(274) Steenberghen, 216
(275) ebd.

5. Der Ursprung des Übels

Da das Übel kein Sein hat, hat es keine es erzeugende Ursache. Aber die Abwesenheit jeden Gutes, das an sich da sein müßte, muß einen Grund haben. (276)

Das Böse wird in der christlichen Philosophie gesehen als "... eine mittelbare, nicht gewollte Wirkung in dem Werk einer guten Ursächlichkeit ..." (277) Der Schöpfer hat das Gute bewirken wollen. Das Böse, das darüber hinaus aus seinem Werk hervorgegangen ist, hat nicht in seiner Absicht gelegen. Wenn ein Tätigkeitsprinzip versagt und deshalb etwas Schlechtes hervorbringt, so hat das seinen Grund in fremden Einflüssen, und darum ist das Schlechte nicht aus dem guten Schöpfer hervorgegangen. (278) Für die Verwirklichung der Wahlfreiheit der Person erscheint denn auch die Möglichkeit des Bösen notwendig, nicht aber ihre Wirklichkeit. (279)

> Denn weder wird durch das Böse das Gute mit Notwendigkeit bewirkt - die mit dem Bösen verursachte Not kann ebenso wie zu Vergebung, Geduld und Tapferkeit, so auch zu Verhärtung, Verzweiflung und Haß führen; die freie Antwort des Menschen kann die Not wenden, aber auch steigern. Noch ist um des Guten willen ein vorausgehendes Böses notwendig - das Gute kann ebenso wie aus Bösem, so auch aus etwas Gutem hervorgehen; die in der Vergebung von Schuld bewiesene Liebe könnte sich auch aus anderem, gutem Anlaß realisieren. (280)

---

(276) vgl. Sertillanges, 409
(277) Sertillanges, 409
(278) vgl. Sertillanges, 410
(279) vgl. Beck, Deutung des Bösen, 141
(280) Beck, Deutung des Bösen, 141

Es ließe sich jedoch fragen, warum Gott, der doch die Ursache alles dessen ist, das außer ihm existiert, und der allwissend ist, etwas geschaffen hat, von dem er vorher hat wissen müssen, daß es versagen würde. Zusätzlich müßte die Frage noch lauten, warum er eine bewußt empfindende und leidensfähige Person in eine so unvollkommene Welt gesetzt und an einen Körper gebunden hat, so daß sie allen Übeln und Leiden, die mit der Materie gegeben sind, ausgeliefert ist. (281) Der Zweifel Camus' an der Gerechtigkeit und Güte Gottes scheint hier seine Berechtigung zu erhalten. Das Übel und das Leid beeinträchtigen den Menschen in der Ausübung seiner einfachsten Tätigkeiten und in den erhabensten, und wenn Camus sagt, das Leid führe nicht zu Gott (282), so wird dies täglich viele Male bestätigt.

Van Steenberghen weist demgegenüber darauf hin, daß für den Menschen, der als bewußtes Wesen dazu gerufen sei, sich zu entwickeln und seine geistigen Kräfte in geheimnisvoller Einheit mit einem körperlichen Organismus (materiellen und psychischen Einflüssen) zu entfalten, die Verbindung eines Bewußtseins mit einem Körper eine Fülle von Werten biete, die im Leben eines reinen Geistes keinen Platz fänden. Mit der Erschaffung des Menschen, dem Bindestrich zwischen geistiger und materieller Welt, habe Gott eine Einheit von wunderbaren Werten geschaffen. (283)

---

(281) vgl. Steenberghen, 217
(282) vgl. Die Pest, 73-76
(283) vgl. Steenberghen, 218 f.

Um die Notwendigkeit des Übels besser abschätzen zu
können, müßte der Mensch einen viel tieferen Einblick
in die Wirklichkeit haben, als ihm das bis heute gelungen ist. Van Steenberghen meint, daß bis dahin die
weiseste Haltung des Menschen darin bestehen könnte,
auf die liebende Vorsehung des Schöpfers zu vertrauen.
(284)

6. Die Vergeltung des Bösen

Gott hat den Menschen erschaffen, damit er teil hat an
seiner Glückseligkeit und Vollkommenheit. Dieses Glück
wird dem Menschen aber nicht voraussetzungslos gewährt.
Gott will die bewußte und in Freiheit getroffene Entscheidung des Menschen für ihn und sein Gesetz. Diese
Entscheidung trifft der Mensch in seinem jetzigen Dasein.
Dem liebenden Anruf Gottes stellt er mit seinem Handeln
seine Antwort entgegen. Von seiner Antwort hängt das Maß
seiner Teilhabe an der Glückseligkeit Gottes ab; d. h.
die Seinsstufe, auf die der Mensch sich durch sein
sittliches Handeln im Laufe seines jetzigen Lebens erhebt, wird seine endgültige sein. Auf ihr wird er über-
gehen in das künftige Dasein. In der Freiheit zur Selbst-
bestimmung ist für den Menschen nicht die moralische
Freiheit eingeschlossen, entgegen dem vom Schöpfer
gegebenen Sittenrecht handeln zu dürfen. Der Mensch
muß vielmehr, soweit er Einblick in die Ordnung und
damit die Gesetzgebung

---

(284) vgl. Steenberghen, 219

Gottes besitzt, nach diesen Gesetzen handeln. Er ist
für die von ihm in Freiheit vollzogenen Taten verantwortlich. (285)

Mit der Wahlfreiheit hat Gott so dem Menschen die Möglichkeit gegeben, sein endgültiges Schicksal selbst zu bestimmen. Der Mensch wird nicht einem unentrinnbaren Schicksal unterworfen; sondern er bestimmt sein Schicksal selbst. Sein eigentliches Schicksal ist nicht der Ablauf seines Lebens in dieser Welt; sondern sein Handeln in seinem jetzigen Leben bestimmt sein Schicksal in einem darauf folgenden.

> ... es ist klar, daß die Vergeltung von Gut und Böse sich nicht in diesem Leben vollzieht und daß man, wenn das menschliche Schicksal hier zu Ende ginge, auf den Zerfall der moralischen Ordnung und das vollkommene Fehlen der göttlichen Gerechtigkeit schließen müßte. Deshalb treffen sich an diesem Punkte die Forderungen der Sittlichkeit, die tiefsten Sehnsüchte des Menschenherzens und die verheißungsvollen Anzeichen auch seiner menschlichen Natur, um die Unsterblichkeit der Seele zu bezeugen, die das immaterielle Prinzip des menschlichen Seins ist und ihm seine spezifische Natur und Personwürde verleiht. (286)

Nach der christlichen Philosophie hat Gott eine für uns fast unbegreiflich hohe Meinung von der menschlichen Person, was sich darin zeigt, daß er als der Unendliche die freie Entscheidung seines Geschöpfes, die es im Laufe seines Lebens getroffen hat, nicht antastet. Andererseits können gerade an diesem Punkt wieder Kritik und Zweifel an der Gerechtigkeit Gottes ansetzen,

---

(285) vgl. Steenberghen, 219 f.
(286) Steenberghen, 22o f.

Zweifel daran, ob es gerechtfertigt oder nicht vielmehr grausam ist, einen Menschen für das Böse, das er in einem kurzen Leben gewirkt hat, in der Weise zu bestrafen, daß er in einem neuen, nicht mehr endenden Leben auf der einmal erreichten Seinsstufe festgehalten wird.

III. Die Bedeutung mitmenschlicher Personen für die Sinnverwirklichung des Menschen

Um den Sinn seines Lebens zu erfüllen, nämlich in seinem Handeln das Gute zu verwirklichen und damit sein Ja zu Gott und zu der von ihm geschaffenen Ordnung geben zu können, braucht der Mensch das Eingebundensein in eine Gemeinschaft von Seienden, die alle jeweils Zweck in sich sind.

1. Die Notwendigkeit mitmenschlicher Personen für die Erkenntnis Gottes

Ein Mensch, der allein in einer Welt existierte, die außer ihm nur aus Mitteln bestünde, die er für sich nutzbar machen könnte, würde keine Erfüllung finden können. Er kreiste nur um sich und käme nicht über sich hinaus, um sich zu Höherem zu entwickeln. Er stünde vielmehr nur in einer Beziehung zu unter ihm Seienden und könnte seinen augenblicklichen Standort nicht überwinden.

Wäre der einzelne Mensch nur von unbelebten und nicht geistbegabten Lebewesen umgeben, so könnte er bei der Betrachtung aller dann sichtbaren Seienden nicht das Maß der Erkenntnis von der Größe Gottes finden, wie ihm das bei einem Eingebundensein in eine Gemeinschaft von Personen möglich ist. Ja, er könnte überhaupt schwerlich Gott erkennen, weil er nur sich allein als höchstes Wesen auf der Erde vorfände. Er müßte sogar sich selbst als Gott ansehen. Erst bei dem Vorhandensein anderer, mit ihm auf gleicher Stufe stehender Lebewesen wird er darauf hingewiesen, daß es über allen Seienden auf der Erde noch ein Wesen geben muß, dessen Sein über allem endlichen Sein erhaben ist.

2. <u>Die Notwendigkeit mitmenschlicher Personen für die Entfaltung ethischer Werte</u>

Der Mensch kann seine Erfüllung oder sein Genüge nicht in sich selbst finden. Er strebt über sich hinaus nach Vollkommenerem. Er kann sich nicht aus seinem eigenen Seinsbestand weiter anfüllen oder auffüllen mit weiteren Werten oder Seinsgütern. In diesem Zusammenhang ist es interessant, daß auch der Wiener Psychologe Viktor E. Frankl bestreitet, daß Selbsterfüllung und Selbstverwirklichung der Sinn eines menschlichen Daseins sein könnten. (287) Er schreibt:

> Nur in dem Maße, in dem wir uns preisgeben an die Welt und an die Aufgaben und Forderungen, die von ihr her einstrahlen in unser Leben, nur in dem Maße, in dem es uns um die Welt da draußen und die Gegenstände geht, nicht aber um uns selbst oder um unsere eigenen Bedürfnisse, nur in dem Maße, in dem wir Aufgaben und Forderungen erfüllen, Sinn erfüllen und Werte verwirklichen, erfüllen und verwirklichen wir auch uns selbst. (288)
>
> Menschsein heißt, immer schon über sich selbst hinaus und auf etwas gerichtet sein, das nicht wieder es selbst ist, auf etwas oder auf jemanden, auf einen Sinn, den es erfüllt, oder auf anderes menschliches Sein, dem es liebend begegnet. Und es gilt, daß der Mensch in dem Maße er selbst ist, in dem er sich selbst übersieht und vergißt. (289)

Um durch sein Handeln die in ihm liegende Möglichkeit des Erwerbs sittlicher Werte verwirklichen zu können, braucht der Mensch nicht nur Wesen um sich, die nur Mittel zu seiner Höherentwicklung darstellen, sondern solche, die Selbstzweck sind, ihren Wert in sich haben. Denn der Mensch könnte nicht sein Gewissen entfalten, Gerechtigkeit üben, wenn alle Dinge nur auf ihn hin ausgerichtet wären, sie nur Mittel wären zu seinem Zweck, nichts einen Wert in sich besäße. Er wäre nicht in der Lage, Erlebniswerte, wie Liebe, Achtung, Erbarmen, Mitleiden usw., in sich zur Entfaltung zu bringen,

---

(287) vgl. Frankl, 75
(288) Frankl, 75
(289) ebd.

wenn er nicht den Bezug auf mindestens ein anderes Seiendes hätte, das Selbstzweck ist. Würde aber Gott das einzige Du für den Menschen sein, so müßte der Mensch sich niedergedrückt fühlen durch die Größe und Vollkommenheit Gottes.

Ohne Vorhandensein mitmenschlicher Personen könnte der Mensch Gott auch nicht zeigen, daß auch er des Erbarmens fähig ist, weil Gott sich doch nur seiner erbarmen kann und der Mensch nichts besitzt, was er demjenigen geben könnte, der doch alles hat.

Aber Geistiges wächst nur in der Berührung mit Geist. (290) So ist es als eine Tat der Weisheit und Güte Gottes anzusehen, daß er den Menschen in eine Gemeinschaft sich ähnelnder und auf gleicher Stufe stehender Wesen gestellt hat. Auf diese Weise findet der einzelne Mensch ein Du, das fehlerhaft und ergänzungsbedürftig ist wie er. Er braucht sich nicht verloren und erdrückt zu fühlen von der Vollkommenheit des Unendlichen. Wie könnte auch ein einzelner Mensch allein die Liebe des Unendlichen erwidern, wo doch nicht einmal alle Menschen zusammen fähig sind, sie aufzunehmen?

IV. Die Bedeutung Gottes für das rechte Verhältnis der mitmenschlichen Personen zueinander

Der Mensch genügt sich nicht selbst. Er ist auf anderes Seiendes hingeordnet, ein Abhängiger in fast allen Le-

---

(290) vgl. Meyer, 547

bensbezügen. (291)

In einer Gemeinschaft mitmenschlicher Personen, die alle Selbstzweck sind, muß eine bestimmte Ordnung herrschen. Es darf niemand übervorteilt oder benachteiligt werden auf Kosten anderer. Es muß eine Ordnung der Gerechtigkeit sein, in der jedem das Seine, jedem sein Recht zuerkannt wird.

Durch sein Dasein, dadurch, daß Gott ihn erschaffen hat, stehen dem Menschen Rechte zu, das Recht auf Leben, Nahrung und Kleidung, auf Betätigung, auf Anregungen und Gewährung von Möglichkeiten zur Entfaltung seiner körperlichen Kräfte, seines Gefühls- und seines Verstandeslebens. Denn diese Dinge gehören zur Natur des Menschen. Sie stehen ihm aufgrund seiner von Gott geschaffenen leib-seelischen Personalität unabdingbar zu. Das Recht des Menschen gründet also in Gott, dem absoluten Schöpfer der menschlichen Person. Deshalb ist aber auch jeder einzelne Mensch Gläubiger und zugleich Schuldner all seiner mitmenschlichen Personen. (292) Er muß gerecht sein, und das ist er dadurch, "... daß er den Anderen in seinem Anderssein bestätigt und ihm zu dem verhilft, was ihm zusteht." (293) Denn "Nicht allein dadurch heißt etwas gerecht, daß es von Gott gewollt ist, sondern dadurch, daß es einem geschaffenen Wesen geschuldet ist, kraft des Verhältnisses der Kreatur zur Kreatur." (294)

---

(291) vgl. Meyer, 547
(292) vgl. Josef Pieper, <u>Über die Gerechtigkeit</u>, München
      41965, 18 ff.;
            im folgenden zit.: Pieper, Gerechtigkeit
(293) Pieper, Gerechtigkeit, 33
(294) Pieper, Gerechtigkeit, 3o
      Das aufgeführte Zitat ist entnommen aus:
      Thomas von Aquin, Kommentar zum Sentenzenbuch des
      Petrus Lombardus, 4 d. 46, 1, 2, 1

Der einzelne Mensch muß sich immer bewußt sein, daß nicht
er allein nach dem Bild Gottes geschaffen wurde, sondern
daß all das, was ihm zusteht, auch der mitmenschlichen
Person zukommen muß und daß es seine Pflicht ist, diesem
anderen zu seinem Recht zu verhelfen selbst dann, wenn
der andere über sein Recht nicht unterrichtet sein sollte.
Die Gerechtigkeit fordert die Wahrhaftigkeit, nämlich den
anderen über seine wirkliche Verfaßtheit nicht im Unklaren
zu lassen und ihn über sein Recht zu belehren. (295)

Endliche Geschöpfe, so wurde gesagt, stehen einander fremd
gegenüber. Ähnlich sind sie sich dadurch, daß sie von Gott
geschaffen wurden, daß ihr Sein von ihm her in sie ein-
strömt. (296) Gott ist die Achse, an der sich die sich
ähnelnden endlichen Seienden spiegeln. Erst in Gott und
von Gott her ist die Ähnlichkeit der endlichen Seienden
begründet, und so können wir sagen, daß wir dem Mitmenschen
erst nahe sind durch unsere gemeinsame Gottähnlichkeit.

Wenn aber Gott die unendliche Schönheit und Güte ist, so
ist auch all das, was von ihm ausströmt, schön und gut,
und der Mensch muß allem Sein, das von Gott herkommt, Ehrfurcht entgegenbringen, weil es Werk Gottes ist und somit
die Spuren seines Wirkens trägt; darüber hinaus gebühren
der geschaffenen Person Achtung und Ehrfurcht, weil sie
Gott abbildhaft ähnlich ist.

---

(295) vgl. Pieper, Gerechtigkeit, 3o f.
(296) s. o., Erster Teil, Kap. B, S 61

So erfährt in der christlichen Philosophie die mitmenschliche Person eine Wertschätzung, die in dieser Höhe von keiner anderen Anthropologie erreicht werden könnte. Denn jede einzelne mitmenschliche Person ist ein vom unendlichen Gott gewolltes und beim Namen gerufenes Geschöpf. Jeder Mensch ist "... ein geistiges, in sich ganzes, für sich und auf sich hin und um seiner eigenen Vollkommenheit willen existierendes Wesen ...". (297) Die mitmenschliche Person ist Gott abbildhaft ähnlich, und so ist die Achtung, die der einzelne ihr entgegenbringt, Bezeugung von Ehrfurcht gegenüber Gott. Gerechtigkeit ist etwas, das jeder seinem Nächsten schuldet. Mit Achtung ist eine höhere Stufe der Tugend erreicht, ein höheres Maß an Vollkommenheit der inneren Einstellung. Der vollkommenste Grad aber liegt vor, wenn die Gerechtigkeit nicht mehr nur aus Einsicht in das Recht des anderen und auch nicht nur aus Achtung vor dem anderen Geschöpf, sondern aus Liebe geschieht. Wer aus Liebe handelt, dessen Taten können nicht ungerecht sein; denn "Wer die Liebe besitzt, besitzt alle übrigen Tugenden." (298)

---

(297) Pieper, Gerechtigkeit, 26
(298) Meyer, 540

DRITTER TEIL

VERSUCH EINER KRITISCHEN BETRACHTUNG DER ATHEISTISCHEN ETHIK ALBERT CAMUS'

A. DIE VERWEIGERUNG DER GOTTESERKENNTNIS

1. Chaos oder Ordnung

Die Verneinung der Existenz eines Gottes bei Camus gründet in seiner Sicht der Welt. Er bezeichnet die Welt als Chaos, weil er sie bestimmt sieht von Leid und Tod. Wenn es einen Gott gäbe und Gott die Welt erschaffen hätte, so wäre er nach Meinung Camus' verantwortlich für das Elend, die Ungerechtigkeit und den Tod. (299) Er wäre ein Gott, der die Welt verneint, sich nicht mehr um sie kümmert.
Die Ungerechtigkeit in der Welt steht für Camus im Gegensatz zu dem Denken oder der Sehnsucht des Menschen. (300) Das Denken des Menschen ist auf ein Ziel hin gerichtet. Es ersehnt Einheit und Vollkommenheit. (301)
Wegen des Widerspruches zwischen irrationaler Welt und rationalem Geist kann der Mensch nach Camus nichts klar erkennen. (302)

Darauf läßt sich erwidern, daß die Welt nicht nur Chaos sein kann. Denn wenn die Welt nur Chaos wäre, sich nur in einem ungeordneten Zustand befände, dann könnte der

---

(299) vgl. Die Pest, 76-77
(300) vgl. Mythos, 45
(301) vgl. Mythos, 20
(302) vgl. Mythos, 23, 28

Mensch in ihr überhaupt nichts erkennen, auch nicht seinen eigenen Körper und nicht seine Empfindungen. Er würde dann nicht von seiner Sehnsucht nach Glück und Gerechtigkeit sprechen können und von der tiefen Enttäuschung, die ihm das Elend bereitet, und vor allem würde er dann niemanden finden, der ihn darin verstünde.

Mit der Feststellung seiner Sehnsucht und seines Verlangens und der Möglichkeit, nein zu sagen und sich zu erheben, wird aber klar, daß der Mensch erkennen kann und daß er als derjenige, in dem das Verlangen und die Sehnsucht und das Bewußtsein aufkommen, existiert. Der Mensch vermag das Leid und den Tod als etwas seinem Sehnen nach Vollkommenheit und Dauer Fremdes zu erkennen. Auch wenn Camus die Schönheit der Welt grüßt (303), muß dem der Vorgang des Erkennens ihrer Schönheit vorausgegangen sein. Zudem sieht Camus Ordnung zumindest im menschlichen Denken. Denn er nimmt die Logik als Entscheidungsinstanz an. (304)

Die Erkenntnismöglichkeit wird also nicht absolut verneint, sondern nur die Möglichkeit, auf die Existenz eines die Welt übersteigenden Gottes, wie ihn das Christentum verkündet, und eines dem Menschen gegebenen Lebenssinnes schließen zu können. Obwohl Camus feststellt, daß die menschliche Erkenntnisfähigkeit begrenzt ist, was auch die christliche Philosophie sagt, und obgleich er auf der

---

(303) vgl. Revolte, 225
(304) vgl. Mythos, 46

anderen Seite das Verlangen nach Erkenntnis und Einheit
im Menschen - was doch Zielgerichtetheit des Denkens bedeutet - als gegeben ansieht, behauptet er, daß die Welt
deshalb sinnlos sei und mit ihr und in ihr kein tieferer
Sinn gegeben bzw. gelegen sein könne, weil sie sich als
von der - doch vorher als begrenzt erkannten - Vernunft
des Menschen nicht durchdringbar erweise. (305) Hier
zeigt sich ein erster Widerspruch in Camus' Denken.

Es kann Camus vorgehalten werden, daß er die Verantwortung für das Böse und den Tod Gott zuschreibt, aber nicht
bedenkt, daß das Übel Seiendem anhaftet, welches er grundsätzlich bejaht - das moralisch Böse z. B. dem Menschen,
dessen Natur er grüßt (306). Die christliche Philosophie
führt den Ursprung des endlichen Seins, auch wenn ihm Sein
mangelt oder gerade weil es nicht vollkommenes Sein ist,
auf eine Quelle allen Seins zurück. (307) Diesen Weg geht
Camus nicht. Er fordert das Ganze für den jetzigen Menschen auf Erden. Er weigert sich, auf einen Sinn hin zu
leben, der seinem Verstand nicht jetzt klar einsichtig
ist, und er lehnt ein Ziel ab, das, um erreicht zu werden, den Tod notwendig macht. Das Leid, das sich seinem
Auge darbietet ist für ihn so überwältigend, daß er den
Weg nicht sieht, den auch das Gute und Schöne in der Welt
dem menschlichen Denken weisen könnten. So kommt es

---

(305) vgl. Mythos, 45
(306) vgl. Revolte, 225
(307) s. o., Erster Teil, Kap. B, IV, 4, S 47 f.
                                      6, S 51 f.
                                      7, S 53 f.
                            V,   S 58 ff.

wohl auch, daß für ihn die Frage nach dem Bösen Vorrang hat vor der nach der Freiheit. In der Möglichkeit der freien Wahl und Entscheidung für das Gute aber sieht die christliche Philosophie die höchste Würde des Menschen.

Für Camus ist Gott derjenige, der das Leid den Menschen schickt, sie in die Absurdität drückt und erniedrigt.(308) Zwischen ihm und den Menschen besteht eine "... stumme Feindschaft ..., die den Unterdrückten vom Unterdrücker trennt." (309) Deshalb kommt Camus zu der Feststellung, daß man nicht mit einem geknechteten Wesen sprechen könne, ein freier Dialog zwischen einem Herrn und seinem Knecht nicht möglich sei. (310)
Der mögliche Gott Camus' übt seine Herrschaft aufgrund seiner überlegenen Machtmittel aus. Der Gott der Christen aber will die Menschen durch Überzeugung gewinnen. Sie sollen sich frei für seine Herrschaft und damit für sein Gesetz entscheiden. Hier ist nicht das überlegene Machtmittel das die Herrschaft Begründende, sondern die Autorität des höchst Guten und Gerechten.
Die Möglichkeit der freien Entscheidung bedeutet eine hohe Würde für denjenigen, der eine Aufgabe annimmt, auch in der Zusammenarbeit zwischen Menschen, weil durch sie überhaupt erst echte Mitarbeit und Partnerschaft entstehen können. Das schließt jedoch das Wagnis ein, daß der zu Gewinnende die Mitarbeit ablehnt, ja sich sogar gegen den um die Mitarbeit Werbenden stellt. So geht auch Gott da-

---

(308) s. o., Erster Teil, Kap. A, 19-21
(309) Revolte, 229
(310) vgl. Revolte, 229

durch, daß er dem Menschen als höchste Würde die Entscheidungsfreiheit schenkt, das Risiko ein, daß der Mensch sein Gesetz zurückweist. (311) Als Sklave aber wäre der Mensch in seinem Verhältnis zu Gott nur zu bezeichnen, wenn ihm diese Freiheit nicht gegeben wäre. So aber bestimmt er sogar sein Schicksal selbst.

Unklar bleibt bei Camus weiter, wie die von ihm behauptete Tatsache erklärt werden soll, daß in einer vollends ungeordneten Welt allein der Geist, das Denken und Fühlen des Menschen etwas Geordnetes darstellen, und was die Schönheit des Meeres und der Sterne (312) bewirkte. Camus spricht von einem Prinzip der Gerechtigkeit im Menschen. (313) In der Zielgerichtetheit des Denkens aller Menschen auf gemeinsame Werte hin sieht er sogar den Hinweis auf das Vorhandensein einer menschlichen Natur. (314) Aber über diesen Ansatz geht er nicht hinaus; sondern er bricht hier ab.
Es wäre zu fragen, wie, wenn Gott existiert, was Camus nicht eigentlich bestreitet, und wenn er die Welt und den Menschen erschaffen hat, er den Menschen als vernunftbegabtes Lebewesen ins Sein rufen, ihm die Sehnsucht nach Gerechtigkeit ins Herz senken (315) konnte, wenn er selbst nicht nach dem Prinzip der Logik und Gerechtigkeit handelt. Es spielt an dieser Stelle wieder das Bild eine Rolle, das Camus vom christlichen Gott hat. Es ist der

---

(311) vgl. Helmut Thielicke, <u>Die geheime Frage nach Gott. Hintergründe unserer geistigen Situation</u>, Freiburg/Br. ^{2}1973, 1o2-1o5
(312) vgl. Revolte, 225
(313) vgl. Revolte, 22
(314) vgl. Revolte, 16
(315) vgl. Revolte, 225

eifersüchtige Gott des Alten Testamentes mit mitleidslosem, versteinertem Gesicht. (316) Wenn nun dieser Gott dem Menschen die Vernunft gegeben hat und auch die Sehnsucht nach vollkommenen sittlichen Werten, ihn aber in eine Welt setzte, in der ihm nur nicht enden wollende Niederlagen (317) bereitet sind, so kann gefolgert werden, daß er entweder ein höhnisches, sadistisches Wesen ist oder aber die Sehnsucht des Menschen nach ethischer Vollkommenheit als ein Zufallsprodukt bei der Schöpfung angesehen werden muß.

Der höhnische Schöpfergott besäße aber nicht die Fülle des Seins. Denn es mangelte ihm an Vollkommenheit. Er könnte Demiurg sein. Über ihm müßten die Vollkommenheiten stehen und der Ursprung der vollkommenen Ideen. Ein weiterer, höherer Gott stünde also über dem Erschaffer der Welt.

Gegen den Zufall aber spricht neben dem Vorhandensein der menschlichen Natur auch die Tatsache der in der Welt im ganzen vorhandenen Ordnung. Wir können nicht leugnen, daß es Ordnung in der Welt gibt. Unser Körper, wenigstens der gesunde, ist ein Beispiel für in wunderbarer Abgestimmtheit ablaufende Einzelfunktionen. Ohne Vorhandensein irgendwelcher Ordnung könnten wir auch durch Erfahrung keine Erkenntnisse von den Dingen gewinnen.

---

(316) vgl. Revolte, 31
(317) vgl. Die Pest, 77

Bei dem von Camus festgestellten Chaos handelt es sich nach dem hier ausgeführten also nicht um reine positive Unordnung, sondern vorwiegend um Ermangelung des Seienden an Sein. Camus fragt nicht, wie dieser Mangel an positivem Sein möglich war. Er stellt nur den Mangel fest und bricht mit seinem Fragen wieder ab. Wenn man aber das Vorhandensein des Verlangens nach Einheit und Gerechtigkeit nicht als Zufall ansieht, dann könnte es aber doch auf das mögliche Vorhandensein eines vollkommeneren Seienden hinweisen.

2. Das Absurde, die Verweigerung der Gotteserkenntnis

Für Camus ist der Mensch ein Fremder in der Welt. Wenn man sich aber ausgestoßen und verbannt fühlt, so fühlt man sich ausgestoßen und verbannt von etwas, wenn man ein Verlangen in sich hat, so verlangt man nach etwas. Den Mangel an Sein eines Gegenstandes kann man nur feststellen, wenn man in sich die Vorstellung von einem vollkommeneren Gegenstand hat. Sollte es da nicht möglich sein, daß es das Vollkommenere auch wirklich gibt? Camus selbst mißt die Welt am Wünschenswerten. "Der Revoltierende will alles sein, sich völlig mit diesem Gut identifizieren, dessen er plötzlich bewußt wurde und von dem er verlangt, daß es in seiner Person anerkannt und begrüßt werde ...". (318) Sein Verstand vergleicht den Gegenstand seines Sehnens mit dem wirklich vorgefundenen.

---

(318) Revolte, 15

Damit aber bricht sein Suchen wieder ab. Er ist überzeugt,
daß die vom Menschen ersehnte Welt erst vom Menschen geschaffen werden muß. (319) Die Revolte ist die Bewegung,
"... die von der Erfahrung des Einzelnen zur Idee führt."
(32o) Camus stellt die Idee fest, verfolgt aber nicht
weiter die Bedingungen, die für das Zustandekommen der
Idee gegeben sein müssen. Er sagt, daß das Wahre nicht
das Wünschenswerte zu sein brauche. (321) Aber ebensogut
wäre doch auch die Wahrscheinlichkeit gegeben, daß das
Wahre eben doch in dieser Richtung läge.

Hier ist vielleicht eine nähere Betrachtung des Begriffes
des Absurden angebracht. Es bietet sich ein Vergleich mit
der auf den Seiten 1o2 - 1o5 gegebenen Definition des
Schmerzes an.

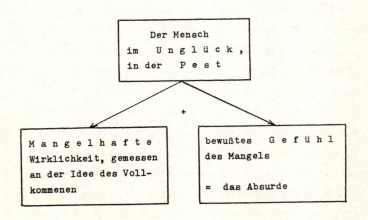

---

(319) s. o., Erster Teil, Kap. A, S 18 f.
   vgl. Revolte, 24
(32o) Revolte, 88
(321) vgl. Mythos, 39

Auch das Absurde haftet dem Wesen, das den Mangel bewußt spürt, an wie der Schmerz. Wenn man aber den Mangel feststellen kann, so muß es auch die Möglichkeit der Existenz eines Vollkommeneren geben. Mit der Idee des Vollkommeneren vergleicht man das Sein dessen, dem es an Sein mangelt. Das Absurde ergibt sich wie der Schmerz erst durch das Vorhandensein eines mit Bewußtsein ausgestatteten Seienden, das den Mangel an Sein feststellen und fühlen kann und das darunter leidet. Auch das Absurde bestätigt demnach nicht das Übel als etwas Seiendes.
Der Mensch, der das Absurde empfindet, ist im Unglück oder in der Pest. Camus nennt ihn den absurden Menschen. Vielleicht könnte man besser sagen, daß er der an der Zerrissenheit oder am Mangelhaften der Dinge leidende, das Absurde verspürende, unglückliche Mensch ist.

Der absurde Mensch ist aber für Camus derjenige, der an den tieferen Sinn der Dinge nicht glaubt. (322) Er weigert sich, etwas als bestehend anzunehmen, das sein Verstand nicht erfassen kann. Ja, er weigert sich sogar, von einem bestimmten Punkt an weiter vorzudringen, ein Mehr an Erkenntnis zu erreichen. Er stellt nur Tatsachen fest, die seinen Sinnen offensichtlich und unabweisbar gegeben sind oder die ihm seine Erfahrung unmittelbar vermittelt. Das Stehenbleiben ist die Weigerung, weiter einzudringen in das Sein und das Wesen der Welt und damit die Verweigerung der Gotteserkenntnis. Es ist die Haltung des trotzigen Menschen, der sich von Gott verlassen, im Stich gelassen fühlt.

---

(322) vgl. Mythos, 63

3. Der Tod Gottes - eine Illusion

Nach Camus weigert sich der metaphysisch Revoltierende, die Macht anzuerkennen, die ihn in der Zerrissenheit leben läßt und ihn der Sterblichkeit und dem Tod überantwortet. Camus bringt das Beispiel des sich gegen seinen Herrn erhebenden Sklaven und vergleicht das Verhältnis Sklave - Herr mit dem des Menschen zu Gott. So sagt er:

> ... wenn ein metaphysisch Revoltierender sich erhebt gegen eine Gewalt, deren Existenz er damit bejaht, setzt er diese Existenz erst im Augenblick, da er sie bestreitet. ... Er unterwirft es (scil.: das höhere Wesen) unserer Kraft der Abweisung, beugt es seinerseits vor dem unbeugsamen Teil des Menschen, fügt es mit Gewalt in eine in unserem Betracht absurde Existenz, zieht es schließlich aus seinem zeitlosen Refugium und kettet es an die Geschichte, fern von einer ewigen Dauerhaftigkeit, die es nur in der einhelligen Zustimmung des Menschen finden könnte. (323)

Der Vergleich Sklave - Herr auf der einen und Mensch - Gott auf der anderen Seite dürfte aber hier den wahren Sachverhalt nicht treffen. Bei den Personen im ersten Teil des Vergleiches handelt es sich um Menschen, die ihrer Natur oder ihrem Wesen nach auf gleicher Stufe stehen und bei denen sehr wohl das Verhältnis von Herr und Sklave wechseln könnte. Die Beziehung von zwei endlichen Wesen zueinander kann man aber nicht mit dem vergleichen, das zwischen einem endlichen und dem unendlichen, zwischen einem in seinem ganzen Sein abhängigen und dem aus sich Seienden besteht. Das Unendliche kann nicht vom Menschen verendlicht werden. Gottes Macht ist nicht daran

---

(323) Revolte, 23

gebunden, daß der Mensch sich von ihm abhängig fühlt.
Deshalb unterliegt ein Mensch, der auf diese Weise
Gott für tot zu erklären glaubt, einer Illusion.

B. SINNGEBUNG DURCH DEN MENSCHEN ODER SINNFINDUNG BEI GOTT UND DIE ERFÜLLUNG DES LEBENSSINNES IM JETZT

1. Sinngebung durch den Menschen - eine Illusion

Nach Camus ist das Leben des Menschen sinnlos, weil es dem Vergehen überantwortet ist. (324) Der metaphysisch Revoltierende erst gibt seinem Leben einen Sinn, und zwar dadurch, daß er "... gegen das Leben, das ihm als Mensch bereitet ist ..." (325), protestiert. (326) Der Protest äußert sich in der Verneinung Gottes und in dem unermüdlichen, wenn auch vergeblichen Bemühen des Menschen, die Welt zum Guten hin zu erneuern, sie nach dem Prinzip der Gerechtigkeit, das er in sich findet und das er bei Gott vermißt, neu zu gestalten. (327)

Der Mensch aber vermag sich nicht einmal selbst im Sein zu erhalten, und auch nach Camus ist er sich selbst im letzten fremd (328), weiß er nicht, was er eigentlich ist. Wenn er aber nicht selbst sein Sein bewirken kann, so ist er auf eine andere Macht angewiesen, die ihn im Sein erhält, auch dann, wenn er ohne diese höhere Macht auszukommen glaubt und versucht, entgegen dem Willen des Höheren zu handeln.

---

(324) vgl. Revolte, 84
(325) Revolte, 22
(326) vgl. Mythos, 5o
(327) s. o., Erster Teil, Kap. A, 18 f.
  Zweiter Teil, Kap. A, 84ff.
(328) vgl. Mythos, 22

Weiter wäre vorzubringen, daß, wenn der Mensch den Sinn seines Lebens selbst setzen müßte, er damit eine Idee in die Welt einbrächte, die vorher nicht dagewesen war. Es handelte sich um eine Höherentwicklung aufgrund menschlichen Denkens. Da Gott die Welt als eine sinnlose erschaffen hätte, wäre also der Mensch allein Ursache für die Fortentwicklung. Wenn wir aber anerkennen, daß die Ursache eines Seins, das neu erscheint und das sich hier in der Gestalt der Idee zeigt, nur aus positivem Sein und nicht aus dem Nichts kommen kann und daß weiter die Wirkung nicht größer sein kann als die Ursache, so kann der Lebenssinn nicht vom Menschen gesetzt werden; sondern er muß ihm eingegeben werden.

Ein Blatt eines Baumes kann schwerlich von seinem Standort aus feststellen, was der Baum im ganzen ist; wenn jemand Teil eines Volkes ist, kann er dieses Volk als Ganzes nur beurteilen, wenn er für seine Betrachtung einen Standort findet, der außerhalb des betreffenden Volkes liegt. So ist es auch mit der Sinnfindung des Menschen in der Welt bestellt. Das Blatt kann nicht bestimmen, welche Bedeutung es im Ganzen des Baumes einnimmt, sondern muß die ihm zukommende Aufgabe annehmen. So auch der Mensch. Er kann als Teil der Welt nicht selbst den Sinn seines Lebens bestimmen; sondern er muß sich vernehmend seinem Sinn öffnen.

2. Das Jetzt

Für den absurden Menschen gibt es nur das Jetzt. Er lebt ohne Zukunft, nämlich ohne Hoffnung auf ein Jenseits. Alles, was er im Spiel der Pest und des Lebens gewinnen kann, sind nach Camus Erkenntnisse und Erfahrungen. (329)

Es ist vielleicht angebracht, an dieser Stelle einmal das 'Jetzt' näher zu beleuchten. Wir müssen wohl zugeben, daß das, was wir wirklich kennen, nur unsere Vergangenheit ist, und auch von ihr haben wir nur Ausschnitte in uns aufgenommen. Nur Teile von ihr sind in unserer Erinnerung haftengeblieben. Aus ihr leben wir in der Gegenwart. Wir müssen die Vergangenheit mit uns tragen und im jetzigen Augenblick mit ihr fertig werden. Daß wir die Gegenwart kennten, können wir nicht sagen, denn in dem Augenblick, da wir sagen könnten, wir wüßten, was sie sei, ist sie schon Vergangenheit. Wir können nur aus unserer Erfahrung von der Vergangenheit darauf schließen, was die Gegenwart ist und wie die nähere Zukunft sich möglicherweise gestalten wird. Wir sind Wanderer im Jetzt, d. h. daß wir immer nur aus der Vergangenheit kommen und dabei einen gegenwärtigen Augenblick berühren, in dem wir uns unserer Existenz und unseres Selbst bewußt sind.

Wenn wir miteinander reden, sprechen wir meist von der Vergangenheit oder über unsere Pläne für die Zukunft. Wir glauben den anderen erst zu kennen, wenn wir seine Vergangenheit kennen und legen ihn damit fest. Und er und wir

---

(329) vgl. Die Pest, 172

selber legen uns fest mit unserer Vergangenheit, wenn
wir unseren Blick nur auf sie richten und kommen so
schwerlich zur Verwirklichung dessen, was wir eigentlich
jetzt sein könnten.

Der Begriff Zukunft hat für uns zweierlei Sinn. Zum ersten
gibt es das Morgen in unserem jetzigen Leben, auf das
jeder von uns hinlebt, von dem unsere Vernunft weiß. Sie
hat das Wissen um diese Zukunft aus der in der Vergangenheit gemachten Erfahrung, weil es in allen vergangenen
Augenblicken, an die sie sich erinnert, immer ein Morgen
gegeben hat. Der Mensch weiß aus der Erfahrung, daß er
für diese Zukunft planen muß, und der Wille zum Leben
ist allem Lebendigen gegeben. Auch der absurde Mensch
Camus' entscheidet sich für das Leben.
Von der Zukunft unseres gegenwärtigen Lebens läßt sich
träumen. Wir können uns vorstellen, daß sie schöner sein
werde als unsere Vergangenheit oder der gegenwärtige
Augenblick, oder aber sie wächst dunkel und bedrohlich
vor uns auf. Unsere Augen können gebannt sein im Blick
auf diese Zukunft. Wir können uns an sie verlieren wie
an die Vergangenheit. Beides hält uns davon ab, unser
Augenmerk auf den gegenwärtigen Zeitpunkt zu richten.

Eine andere Zukunft ist gemeint, wenn der Christ von
einem ewigen Leben spricht, dem Leben, das nach dem jetzigen kommen soll. Von der Ewigkeit kann uns eine Vorstellung aus unserem Selbstbewußtsein kommen. Daß der Mensch
weiß, daß er es ist, der die Vergangenheit durchlebt hat,
den gegenwärtigen Zeitpunkt erlebt und auf die Zukunft zu-

schreitet, dieses Bewußtsein hat er jetzt.

> ... die Gegenwart ist der Punkt, in dem die Ewigkeit die Zeit berührt. Vom Augenblick, und nur von ihm allein, haben die Menschen eine Erfahrung ähnlich derjenigen, welche der Feind (scil.: Gott) von der Wirklichkeit als ganzer besitzt; in diesem Augenblick allein sind ihnen Freiheit und Wirklichkeit tatsächlich angeboten. (330)

3. <u>Das Wirken im Jetzt und die Freiheit</u>

Unser bewußtes Leben und unser Handeln vollziehen sich im gegenwärtigen Augenblick. Wenn die Vergangenheit oder die Träume von der zeitlichen Zukunft zu mächtig in uns werden, hindern sie uns, im gegenwärtigen Augenblick das Rechte zu tun. Es bedarf der Anstrengung, im gegenwärtigen Augenblick (auf die Ewigkeit hin) zu leben, sich auf ihn zu konzentrieren.

Die Frage nach dem Sinn des Lebens ist für Camus die dringlichste aller Fragen der Handlungen wegen, zu denen sie verpflichtet. (331) Hier begegnet Camus dem Christentum. In der christlichen Philosophie ist die Frage nach Gott ein zentrales Problem. Die Antwort, die der Mensch auf diese Frage findet, gibt ihm auch Auskunft über den Sinn seines Lebens. Da nun der Sinn des Lebens in der christlichen Lehre heißt, das Gute zu erkennen und danach zu handeln, so haben wir hier eine Parallele zu Camus' Ethik, insoweit als er sich in der Revolte dazu entschließt,

---

(330) Clive Staples Lewis, <u>Dienstanweisung für einen Unterteufel (The Screwtape Letters)</u>, Übs. H. Doebeli, Freiburg/Br. ³1959, 65
(331) vgl. Mythos, 9

gegen das Leid und die Ungerechtigkeit zu kämpfen.

Das Wirken des Guten vollzieht sich immer im Jetzt. Das unterlassene Gute können wir nicht nachholen, so wie das bewirkte Böse nicht eigentlich gutzumachen ist. Für den Menschen stirbt in jedem Augenblick eine Gelegenheit, Gutes zu tun, Sein zu verwirklichen, ab. Dieses Nicht-zur-Wirklichkeit-gebracht-worden-sein oder dieser Tod ist nicht rückgängig zu machen, auszugleichen. Der Zeitpunkt der ersten Gelegenheit ist vergangen. Es hat eine Wirkung stattgefunden. Die neue Tat geschieht in einem neuen Augenblick, stellt eine neue Gelegenheit dar, die der ersten nicht gleich ist. Es ist eine neue, veränderte Situation. Jeder dieser Tode muß demnach eine in Ewigkeit fortdauernde, nie wieder gutzumachende Schuld bedeuten oder ewige Reue bewirken. Die christliche Offenbarung spricht von der Vergebung der Schuld. Hier kann die Frage berechtigt sein, ob der Christ nicht in sich das Gefühl seiner Verantwortung für die Welt dadurch betäubt, daß er ganz dem allmächtigen Gott vertraut, der alles wieder in Ordnung bringen werde. Camus findet als Losungswort für den absurden Menschen den Satz: "Mein Acker ... ist die Zeit." (332) Der Gedanke an die Ewigkeit hält nach Camus' Ansicht den Menschen davon ab, seine Aufgabe im Jetzt zu erfüllen. (333) Dabei müßte aber eigentlich der der Ewigkeit, nämlich Gott, zugewandte Mensch derjenige sein, der sich voll und ganz mit der Wirklichkeit im gegebenen Augenblick beschäftigt, auf die Stimme seines Gewissens hört und danach handelt.

---

(332) Mythos, 59
(333) vgl. Revolte, 247

Wenn die Hoffnung zur Illusion wird, kann es sein, daß
der Mensch Scheuklappen, Kulissen zur Wirklichkeit hin
aufrichtet, damit er das Jetzt nicht voll in den Blick
bekommt, sondern nur den Teil in sein Bewußtsein eindringen läßt, der seinen 'Frieden' nicht stört.

Aus dem Sinn des Lebens, der sich aus der Erkenntnis
Gottes in der christlichen Philosophie ergibt, nämlich
das Gute zu erkennen und danach zu handeln, kann gefolgert werden, daß es zwei Arten des Bösen gibt:
    Das erste Böse wäre die Verweigerung der Erkenntnis
                  des Guten,
  das zweite Böse die Weigerung, das Gute zu tun.
Wer aber das Gute erkennt, ist weise, und wer das Gute
tut, handelt weise.

Mit dem Handeln des Menschen verbunden ist das Problem
der Freiheit. Für Camus und auch für den Christen ist
Freiheit immer relative Freiheit. "Die absolute Freiheit
verhöhnt die Gerechtigkeit. Die absolute Gerechtigkeit
leugnet die Freiheit." (334) Für Camus gibt es nur eine
Freiheit des Geistes und des Handelns. (335) Das ist
aber auch die Auffassung der christlichen Philosophie.
Im Gegensatz zu Camus gibt es jedoch für den Christen
nicht nur verantwortliche, sondern auch schuldige Taten.
Im Tun des Bösen wird der Mensch schuldig vor Gott. Jeder

---

(334) Revolte 236
(335) vgl. Mythos, 51

Mensch hat die Möglichkeit, das Gute zu tun wie das Böse.
Bei Camus heißt es, "... daß jeder die Pest in sich trägt,
... kein Mensch auf der ganzen Welt frei davon ist." (336)

Camus schließt auf die Möglichkeit des Vorhandenseins
einer menschlichen Natur (337), und an einer anderen Stelle sagt er, daß das Sein nicht nur auf der Stufe des Wesens
ist; sondern daß man es auf der Stufe der Existenz und
des Werdens erfassen müsse (338). Die menschliche Natur
müßte demnach dem Sein des jetzt Existierenden und Werdenden vorausliegen. Denn Werden bedeutet immer Werden auf
etwas hin. Das aber ist wiederum die Ansicht der christlichen Philosophie. Dem Menschen ist ein Raum der Unbestimmtheit, ein Hiatus gegeben, zwischen dem, was er an sich
ist und dem, wie er sein Leben konkret auslebt. (339) Der
Mensch hat die Freiheit, sein Sein in einem bestimmten
Maße im Jetzt selbst zu verwirklichen. (340)

4. Die Hoffnung im Jetzt

An der Stelle, an der Camus die Gedanken Rieux' nach dem
Tod von Tarrou beschreibt, heißt es:

---

(336) Die Pest, 149
(337) s. o., Dritter Teil, Kap. A, S 122;
vgl. Revolte, 16
(338) s. o. Zweiter Teil, Kap. A, S 88;
vgl. Revolte, 239 f.
(339) vgl. Gerd Haeffner S.J., "Weisheit und Heil. Ein
Vergleich des Aristotelischen 'Protreptikos' mit
dem Mittelstück des biblischen Buches der 'Weisheit Salomons'", in J. de Vries S.J. und W.Brugger S.J.
(Hrsg.), <u>Der Mensch vor dem Anspruch der Wahrheit
und der Freiheit</u>, Frankfurt a. M. 1973, 28
(340) s. o., Zweiter Teil, Kap. B, 97 ff., 108 ff.

> ... wie schwer mußte es dann sein, nur mit dem
> zu leben, was man weiß und an das man sich erinnert.
> Und ohne das, was man erhofft. Gewiß hatte Tarrou
> so gelebt, und er war sich bewußt, wie unfruchtbar
> ein Leben ohne Illusionen ist. Es gab keinen Frieden ohne Hoffnung, und Tarrou, der den Menschen das
> Recht verweigerte, irgend jemanden zu verurteilen,
> und doch wußte, daß keiner es vermeiden konnte, zu
> verurteilen und daß selbst die Opfer manchmal zum
> Henker werden, Tarrou hatte in innerer Zerrissenheit und im Widerspruch gelebt, er hatte die Hoffnung nie gekannt. Ob er wohl deshalb nach Heiligkeit gestrebt und den Frieden im Dienst an den
> Menschen gesucht hatte? (341)

Es ist als eine hohe ethische Einstellung anzusehen, wenn Camus, der zu dem Glauben an ein höchstes gutes Sein nicht finden kann und überzeugt ist, daß der Mensch selbst seinem Leben erst den Sinn geben müsse, sich mit seiner vollen Kraft für den Kampf gegen Ungerechtigkeit und Leid einsetzt ohne Hoffnung auf ein Jenseits, in der Überzeugung, daß das ganze Sein des Menschen mit seinem Tod endet, oder die Möglichkeit eines Weiterlebens offenlassend, sich aber nicht darum kümmernd (342), sich entschließt, seine ganze Kraft an die lebenden Brüder zu verteilen. Auch "Die wahre Großzügigkeit der Zukunft gegenüber besteht darin, in der Gegenwart alles zu geben." (343) Denn das in der Gegenwart gegebene kommt dem künftigen Menschen zugute.

Die Kraft, die der nur im Jetzt stehende revoltierende Mensch für seinen täglichen Kampf braucht, erwächst ihm aus der Erfahrung der Schönheit und der Erinnerung an sie. Nach dem Bad im Meer, fern von der Stadt und der Pest,

---

(341) Die Pest, 172
(342) vgl. Mythos, 59
(343) Revolte, 246

kehren Rieux und Tarrou gestärkt zurück zu der Aufgabe,
die sie sich in der Pest gestellt haben. (344)

Hier könnte man sagen, daß so wie Camus die Erfahrung
des Schönen und die Hingabe an sie immer wieder in seinem
Leben sucht und braucht, um im Kampf durchhalten zu können,
der Christ Stärkung findet im Gedanken an das Ewige. Die
Hoffnung auf ein neues, ewiges Leben müßte dem Christen
sogar weitaus mehr Kraft geben. Sicher trifft der Vorwurf
Camus' für die meisten von ihnen zu, daß sie sich Gott
nicht völlig hingeben, und so sind Zweifel daran berechtigt,
ob sie wirklich an einen allmächtigen Gott und an ein ewiges
Leben glauben. (345) Die Haltung der Christen ist meist
eine abwartende. Sie richten sich ein im Jetzt und wollen
sich doch gleichzeitig die Möglichkeit eines ewigen Lebens
offenhalten. Und auch für sie gilt, daß sie weder wissen,
was ihrer wartet, noch was nach all dem kommen wird. (346)

Wir wissen nicht, was das ewige Leben eigentlich ist. Die
Hoffnung ist in uns wie ein bewußter Traum. Sie wurde geboren aus dem sehnsüchtig suchenden Denken des Menschen,
das sich mit dem Tod nicht auszusöhnen vermag. Sie kann
uns Kraft geben zu leben. Aber wir sind zu schwach, um
ausschließlich in ihr unser Dasein zu bewältigen. Wir finden uns immer wieder ins Diesseits, in die jetzt direkt
erfaßbaren Dinge zurückgeworfen. An Gott glauben heißt, im
Jetzt, in jedem gegenwärtigen Punkt die Verbindung zur

---

(344) vgl. Die Pest, 151 f.
(345) vgl. Die Pest, 76
(346) vgl. ebd.

Ewigkeit behalten. Trotz aller Hinweise, die die denkende Vernunft auf die Existenz und das Wesen Gottes findet, ist es dazu notwendig, immer wieder den Sprung zu tun, den praktischen Verstand zu opfern, der in der Welt zunächst das Leid und das Sterben als Wirkliches sieht, und das mit dem abstrakten Denken Gefundene als wahr, als eigentliche, höhere Wirklichkeit zu betrachten. Wir können zwar mit der abstrakt denkenden Vernunft in der Welt Zeichen der Hoffnung aufrichten; letzte Gewißheit aber geben sie uns nicht. Alles bleibt unbestimmt bis nach dem Tod.

Es ist nicht nur schwer, im Absurden stehenzubleiben, sondern auch in der Hoffnung auszuhalten, in Situationen, die geeignet sind, Verzweiflung auszulösen und angesichts des Todes, im Sterben, in dem der Mensch immer noch keine Bestätigung für die Wirklichkeit des Erhofften findet, den Gedanken an ein neues, glückliches Leben im Gedächtnis zu behalten. Der Gott der Christen fordert vom Menschen, daß er zunächst das Sterben ganz durchlebt, im Diesseits alles, was er besitzt, auch sich selbst, sein Denken, sein Leben und damit die Gewißheit seiner Existenz, aufgibt, um erst dann das Neue zu erkennen. In der totalen Niederlage soll die Hoffnung in ihm lebendig bleiben, bis sein Vermögen zu denken erlischt.

Die Kraft aber, die der auf Gott Vertrauende in der Hoffnung findet, schöpft er nicht nur mit dem Verstand; sondern er empfängt sie in seelischen Tiefen, die dem Verstand nicht unmittelbar zugänglich sind. Und indem der absurde Mensch die Schönheit des Meeres und der Sterne auf sich einwirken läßt - ein Weg, der übrigens dem Gläubigen zusätzlich offensteht - öffnet auch er seine Seele einer anderen Wirklichkeit.

Aus der Ethik Camus' können wir lernen, daß es dem Menschen, selbst wenn er aus dem niederdrückenden Bewußtsein der Zerrissenheit der Welt und des Lebens nicht herausfindet, möglich ist, Einsicht in die Notwendigkeit, das Gute zu tun, zu erlangen. Vielleicht liegt das Schweigen Gottes u. a. daran, daß er dem Menschen zumutet, auch in der Verlassenheit und Ungewißheit, ja sogar in der tiefsten Niederlage und Aussichtslosigkeit Heiligkeit zu erstreben und zu zeigen, daß er bereit ist, das Gute zu tun nur um des Guten willen und gegen das Böse zu kämpfen nur deshalb, weil es Sünde ist gegen den Mitmenschen.

Literaturverzeichnis

Augustinus, A., Der freie Wille, Paderborn ^{4}1972

Beck, H., Der Gott der Weisen und Denker. Die philosophische Gottesfrage, Aschaffenburg ^{2}1964

-, Philosophie der Technik. Perspektiven zu Technik - Menschheit - Zukunft, Trier 1969

-, Deutung des Bösen. Eine philosophiegeschichtliche und geschichtsphilosophische Erörterung, in: J. de Vries S. J. u. W. Brugger S. J. (Hrsg.), Der Mensch vor dem Anspruch der Wahrheit und der Freiheit, Frankfurt a. M. ^{1}1973

Berning, V., Das Wagnis der Treue. Gabriel Marcels Weg zu einer konkreten Philosophie des Schöpferischen, Freiburg/München 1973

Böhner, Ph., Gilson, E., Christliche Philosophie, Paderborn ^{3}1954

Büchele, H., Die Gottesverneinung im Namen des Menschen: Sartre und Camus, in: E. Coroth u. J. Lotz (Hrsg.), Atheismus kritisch betrachtet, München u. Freiburg/Br. 1971

Brugger, W., Philosophisches Wörterbuch, Freiburg/Br. ^{13}1967

Camus, A., Der Mythos von Sisyphos (Le Mythe de Sisyphe). Ein Versuch über das Absurde, Übs. H. G. Brenner u. W. Rasch, Hamburg ^{17}1974

-, Die Pest (La Peste), Übs. G. G. Meister, Hamburg ^{33}1974

-, Belagerungszustand (L'État de Siège), Übs. H. H. Hausser, München 1969

-, Der Mensch in der Revolte (L'Homme révolté), Übs. J. Streller, Reinbek ^{4}1972

Frankl, V. E., Der Mensch auf der Suche nach Sinn. Zur Rehumanisierung der Psychotherapie, Freiburg/Br. ^{3}1973

Guardini, R., Freiheit Gnade Schicksal. Drei Kapitel zur Deutung des Daseins, München ^{5}1967

Haeffner S. J., Gerd, Weisheit und Heil. Ein Vergleich des Aristotelischen "Protreptikos" mit dem Mittelstück des biblischen Buches der "Weisheit Salomons", in J. de Vries S.J. und W. Brugger S.J. (Hrsg.), Der Mensch vor dem Anspruch der Wahrheit und der Freiheit, Frankfurt a. M. ^{1}1973

Hirschberger, J., Geschichte der Philosophie. Altertum und Mittelalter, Freiburg/Br. ^{8}1965

-, Geschichte der Philosophie. Neuzeit und Gegenwart, Freiburg/Br. ^{8}1969

Lebesque, M., Albert Camus in Selbstzeugnissen und Bilddokumenten, Übs. G. G. Meister, Reinbek ^{12}1974

Lewis, C. S., Dienstanweisung für einen Unterteufel (The Screwtape Letters), Übs. H. Doebeli, Freiburg/Br. ^{3}1959

Maritain, J., Wege zur Gotteserkenntnis (Approches de Dieu), Übs. H. u. W. Kühne, Colmar o. J.

Marsch, W-D., Philosophie im Schatten Gottes, Gütersloh 1973

Meyer, H., Thomas von Aquin. Sein System und seine geistesgeschichtliche Stellung, Paderborn ^{2}1961

Pieper, J., Wahrheit der Dinge. Eine Untersuchung zur Anthropologie des Hochmittelalters, München ^{4}1966

-, Die Wirklichkeit und das Gute, München ^{7}1963

-, Über die Gerechtigkeit, München ^{4}1965

Sertillanges, A. D., Der Heilige Thomas von Aquin, Hellerau o.J.

Steenberghen, F. Van, Ein verborgener Gott. Wie wissen wir, daß Gott existiert? Übs. G. Remmel svd., Paderborn 1966

Thielicke, H., Die geheime Frage nach Gott. Hintergründe unserer geistigen Situation, Freiburg/Br. ^{2}1973

Thomas von Aquin, Summa theologica, Die Deutsche Thomas-Ausgabe, Hrsg. Katholischer Akademikerverband, 1. Band, I, 1-13, Salzburg o. J.

-, Summe gegen die Heiden (Summae contra gentiles libri quattuor), Hrsg. u. Übs. K. Albert u. P. Engelhardt, 1.Bd., Buch I, Darmstadt 1974